みんなの俳句がいっぱい！

学校歳時記

④ 秋の季語

監修
筑波大学附属小学校
白坂洋一

協力
現代俳句協会
秋尾敏

夏井いつき
（選・鑑賞）

はじめに

四季《しき》を通《とお》して、わたしたちは自然《しぜん》とともに生活《せいかつ》しています。この『みんなの俳句《はいく》がいっぱい！ 学校歳時記《がっこうさいじき》』には、学校《がっこう》での生活《せいかつ》を中心《ちゅうしん》とした一年間《いちねんかん》の行事《ぎょうじ》や自然《しぜん》の様子《ようす》などをまとめています。季節《きせつ》の移《うつ》り変《か》わりとともにわたしたちが感《かん》じる心《こころ》、さらには、くらしの知恵《ちえ》がつまっていると言《い》っていいでしょう。

この本《ほん》には、俳句《はいく》において季節《きせつ》を表《あらわ》す言葉《ことば》である「季語《きご》」だけでなく、実際《じっさい》に小《しょう》・中学生《ちゅうがくせい》の子《こ》どもたちがつくった俳句《はいく》も数多《かずおお》く紹介《しょうかい》しています。みなさんが俳句《はいく》を創作《そうさく》するとき、この歳時記《さいじき》を参考《さんこう》にしてみるのもよいでしょう。ページをめくるたびに、「これって秋《あき》の季語《きご》なんだ！」「これも季節《きせつ》を表《あらわ》す言葉《ことば》なの？」とおどろきや発見《はっけん》があるかもしれません。そして、日本語《にほんご》の豊《ゆた》かさに感動《かんどう》を覚《おぼ》えることでしょう。

あなたの「おどろきや発見《はっけん》」は「感動《かんどう》」へとつながっていくのです。

さあ、みなさんも『みんなの俳句《はいく》がいっぱい！ 学校歳時記《がっこうさいじき》』のページをめくって、俳句《はいく》の世界《せかい》へ飛《と》びこみましょう！

筑波大学附属小学校《つくばだいがくふぞくしょうがっこう》　白坂洋一《しらさかよういち》

この本《ほん》によく出《で》てくる言葉《ことば》について

●二十四節気《にじゅうしせっき》

旧暦《きゅうれき》を用《もち》いていた時代《じだい》に使《つか》われた季節区分《きせつくぶん》のひとつ。地球《ちきゅう》から見《み》た太陽《たいよう》の通《とお》り道《みち》を黄道《こうどう》といい、太陽《たいよう》が黄道《こうどう》のどの位置《いち》にあるかによって、二十四《にじゅうよん》の季節《きせつ》に分《わ》けたもの。

※二十四節気《にじゅうしせっき》については、1巻《かん》でくわしく説明《せつめい》しています。

●旧暦《きゅうれき》

明治時代《めいじじだい》の初《はじ》めまで使《つか》われていた昔《むかし》の暦《こよみ》。月《つき》の満《み》ち欠《か》けで一月《ひとつき》の長《なが》さを決《き》めていたので、毎年《まいとし》、暦《こよみ》と実際《じっさい》の季節《きせつ》がずれていった。そこで数年《すうねん》に一度《いちど》、うるう月《づき》を入《い》れ、一年《いちねん》を十三《じゅうさん》か月《げつ》とし、調整《ちょうせい》していた。旧暦《きゅうれき》と現在《げんざい》の暦《こよみ》は、約一《やくいっ》か月《げつ》ほどずれている。

この本《ほん》の使《つか》い方《かた》

この本《ほん》では、秋《あき》の季語《きご》を「秋《あき》の思《おも》い出《で》」「くらし・たべもの」「生《い》きもの」「おもしろい言葉《ことば》」「おてんき」の5章《しょう》に分《わ》けて紹介《しょうかい》しています。

季語《きご》（見出《みだ》し）
季語《きご》とその意味《いみ》を解説《かいせつ》しています。

こんな季語《きご》もあるよ
見出《みだ》しの季語《きご》に関連《かんれん》する、ほかの季語《きご》を紹介《しょうかい》しています。

例句《れいく》
季語《きご》を使《つか》った俳句《はいく》を紹介《しょうかい》しています。

みんなの俳句《はいく》
小学生《しょうがくせい》、中学生《ちゅうがくせい》がつくった俳句《はいく》を紹介《しょうかい》しています。読《よ》んで楽《たの》しむのはもちろん、俳句《はいく》づくりの参《さん》考《こう》にもなります。

終戦記念日 初
八月十五日。昭和二十年のこの日、太平洋戦争を戦っていた日本が降伏して、戦争が終わった。戦争で多くの犠牲者を生んでしまったことを反省し、平和を祈る日である。

こんな季語もあるよ　終戦の日　八月十五日

終戦日命の重さに目をとじる　小六　せいじ

赤い羽根 仲
毎年、十月一日からおこなわれる募金に、寄付した人がもらえる羽根。集まったお金は、社会福祉のために使われる。

だがし屋に行ったつもりで赤い羽根　小四　いこい

ハロウィン 晩
十月三十一日、イギリスの古代ケルト人が秋の収穫を祝い、悪い霊を追い出す祭りをしていた。現在は日本でも親しまれていて、子どもも大人も仮装をして楽しんでいる。

公園でブランコこぐ魔女ハロウィーン　小五　あーにゃ

文化の日 晩
十一月三日の国民の祝日。自由と平和を愛し、文化が栄えることを願う日。日本各地で、文化祭や芸術祭などが開かれる。

妹とピアノ連弾文化の日　小三　かのん

12

みんなの俳句

教室で揺れるコスモス何拍子　中二　櫻井裕二郎

秋日和空に向かってボールける　小五　漱茶

秋風が走る僕らをすりぬける　中一　井上学

はっけよい相撲じゃ負けない昼休み　小五　居眠り八角

秋日和校庭あふる笑い声　小五　璃音

13

時期《じき》のアイコン
秋《あき》を「初秋《しょしゅう》」「仲秋《ちゅうしゅう》」「晩秋《ばんしゅう》」「三秋《さんしゅう》」の4つに分《わ》けて、どの時期《じき》の季語《きご》かを示《しめ》しています。

初 →初秋《しょしゅう》（立秋《りっしゅう》から白露《はくろ》の前日《ぜんじつ》まで）
仲 →仲秋《ちゅうしゅう》（白露《はくろ》から寒露《かんろ》の前日《ぜんじつ》まで）
晩 →晩秋《ばんしゅう》（寒露《かんろ》から立冬《りっとう》の前日《ぜんじつ》まで）
三 →三秋《さんしゅう》（秋全体《あきぜんたい》）

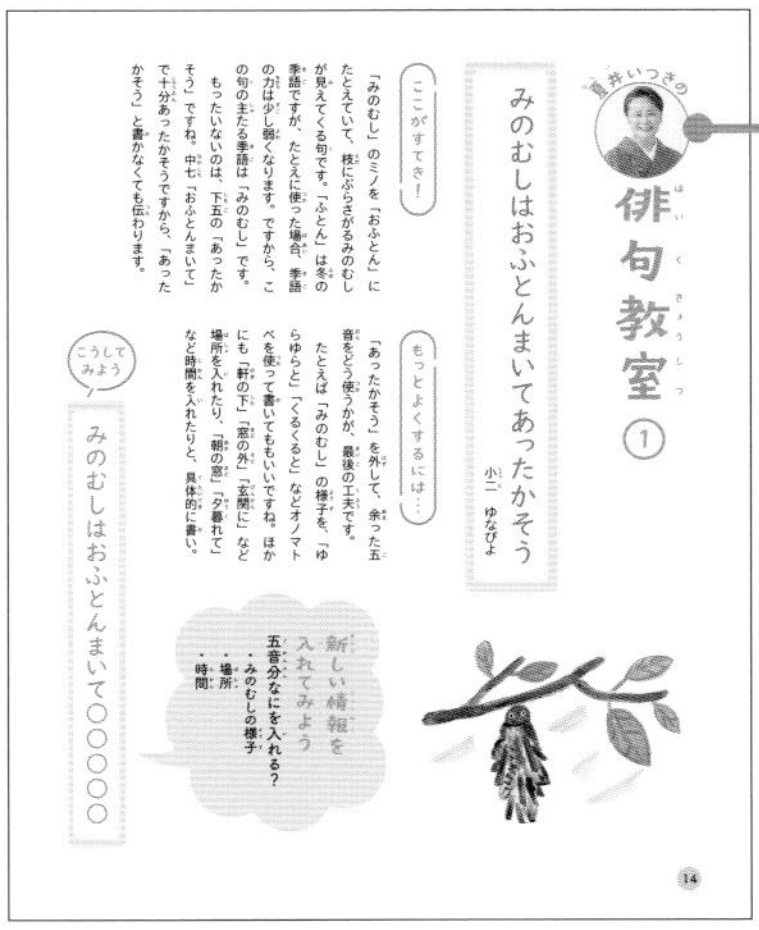

夏井いつきの俳句教室 ①

みのむしはおふとんまいてあったかそう　小二　ゆなぴよ

ここがすてき！
「みのむし」のミノを「おふとん」にたとえていて、枝にぶらさがるみのむしが見えてくる句です。「ふとん」は冬の季語ですが、たとえに使った場合、季語の力は少し弱くなります。ですから、この句の主たる季語は「みのむし」です。
もったいないのは、下五の「あったかそう」ですね。中七「おふとんまいて」で十分あったかそうですから、「あったかそう」と書かなくても伝わります。

もっとよくするには…
「あったかそう」を外して、余った五音をどう使うかが、最後の工夫です。
たとえば「みのむし」の様子を、「ゆらゆらと」「くるくると」などオノマトペを使って書いてもいいですね。ほかにも「軒の下」「窓の外」「玄関に」など場所を入れたり、「朝の窓」「夕暮れて」など時間を入れたりと、具体的に書い。

新しい情報を入れてみよう
五音分なにを入れる？
・みのむしの様子
・場所
・時間

こうしてみよう
みのむしはおふとんまいて○○○○○

14

夏井先生《なついせんせい》の俳句教室《はいくきょうしつ》
章末《しょうまつ》には俳人《はいじん》・夏井《なつい》いつき先生《せんせい》が、子《こ》どもがつくった俳句《はいく》にアドバイスするページを設《もう》けています。俳句《はいく》づくりのヒントを知《し》ることができます。

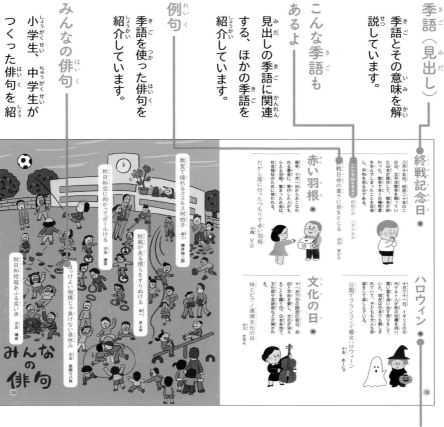

もくじ

1章《しょう》

秋《あき》の思《おも》い出《で》

運《うん》動《どう》会《かい》

三

リレーやつなひきなどの体《からだ》を使《つか》った運動《うんどう》に協力《きょうりょく》しながら取《と》り組《く》む、海外《かいがい》ではあまり見《み》られない日本《にほん》独《どく》特《とく》の行事《ぎょうじ》。学校行事《がっこうぎょうじ》の運動会《うんどうかい》が広《ひろ》まったのは、明治《めいじ》十八年《じゅうはちねん》からとされる。最近《さいきん》では春《はる》に運動会《うんどうかい》をする学《がっ》校《こう》も増《ふ》えたが、歳時記《さいじき》では、暑《あつ》さがおさまり運動《うんどう》日和《びより》である秋《あき》の季語《きご》になっている。

こんな季語《きご》もあるよ　体育祭《たいいくさい》

かけっこでくやしなみだのうんどうかい　小一《しょういち》　あきの

運動会風《うんどうかいかぜ》のエールで走《はし》りぬけ　小六《しょうろく》　小鷲絢理

七夕《たなばた》

初

七月七日《しちがつなのか》の夜《よる》のこと。中国《ちゅうごく》の昔話《むかしばなし》で、恋人《こいびと》どうしであるおり姫《ひめ》と彦星《ひこぼし》が、一年《いちねん》に一度《いちど》だけ天《あま》の川《がわ》をわたって会《あ》うことができる日《ひ》とされている。二人《ふたり》が会《あ》うことを「星《ほし》の恋《こい》」「星合《ほしあい》」ともいう。短冊《たんざく》に願《ねが》いごとをかいて笹《ささ》にかざるしきたりは、江戸時代《えどじだい》に始《はじ》まったといわれている。もともとは旧暦《きゅうれき》の七月七日《しちがつなのか》だったが、明治時代以降《めいじじだいいこう》、現在《げんざい》の暦《こよみ》の七月七日《しちがつなのか》を七夕《たなばた》とする地域《ちいき》も多《おお》くなった。

こんな季語《きご》もあるよ

星祭《ほしまつ》り　星合《ほしあい》　星《ほし》の恋《こい》

七夕《たなばた》の夜空《よぞら》の海《うみ》で愛《あい》生《う》まれ

中一《ちゅういち》　山口光恵

天《あま》の川《がわ》

三

たくさんの星《ほし》が集《あつ》まって帯状《おびじょう》になり、川《かわ》のように見《み》えるもの。夏《なつ》から秋《あき》にかけて明《あか》るく輝《かがや》いて見《み》え、冬《ふゆ》になると明《あか》るさが減少《げんしょう》して見《み》える。

こんな季語《きご》もあるよ

銀河《ぎんが》

天《あま》の川《がわ》こんぺいとうの運河《うんが》かな

小六《しょうろく》　山口真奈

流《なが》れ星《ぼし》

三

宇宙《うちゅう》のちりが地球《ちきゅう》の大気《たいき》に飛《と》びこんだとき、一瞬光《いっしゅんひか》って見《み》えるもの。消《き》えないうちに願《ねが》いごとをするとかなうといわれている。

こんな季語《きご》もあるよ

流星《りゅうせい》　星流《ほしなが》る　星飛《ほしと》ぶ

戦争《せんそう》はやめてくれよと流《なが》れ星《ぼし》

中一《ちゅういち》　流晴

盆《ぼん》

初

旧暦《きゅうれき》の七月十三日《しちがつじゅうさんにち》から十六日《じゅうろくにち》にかけて、先祖《せんぞ》の霊《れい》を供養《くよう》する行事《ぎょうじ》。正式《せいしき》には「盂蘭盆会《うらぼんえ》」というが、「お盆《ぼん》」とよばれている。むかえ火《び》をたいて先祖《せんぞ》の霊《れい》をむかえ、送《おく》り火《び》で送《おく》り出《だ》すまで一連《いちれん》の行事《ぎょうじ》があり、盆棚《ぼんだな》をつくったり、なすの馬《うま》を供《そな》えたりする。

こんな季語《きご》もあるよ

盂蘭盆会《うらぼんえ》　うら盆《ぼん》　旧盆《きゅうぼん》

盆《ぼん》の夜《よ》は餅《もち》つく音《おと》もあは（わ）れなり

伊藤信徳《いとうしんとく》

なすの牛《うし》

初

盆《ぼん》に先祖《せんぞ》が帰《かえ》って来《く》る際《さい》の乗《の》りもの。あの世《よ》から来《く》るときは脚《あし》の速《はや》い馬《うま》、あの世《よ》へ帰《かえ》るときはゆっくり戻《もど》れるよう牛《うし》に見立《みた》ててつくる地域《ちいき》もある。

こんな季語《きご》もあるよ

なすの馬《うま》　瓜《うり》の馬《うま》　瓜《うり》の牛《うし》

先祖《せんぞ》さま手《て》あわせ送《おく》るなすの馬《うま》

小五《しょうご》　しば

墓参《はかまい》り

初

お墓《はか》へ行《い》っておがむこと。お墓《はか》をきれいにそうじしたり、花《はな》やお線香《せんこう》をお供《そな》えする。お盆《ぼん》にあわせて墓参《はかまい》りをする人《ひと》が多《おお》いので秋《あき》の季語《きご》になっている。

墓《はか》まいりばあちゃん空《そら》から見《み》ていてね

小六《しょうろく》　てっちゃん

盆帰省《ぼんきせい》

初

盆《ぼん》に故郷《こきょう》や実家《じっか》に帰《かえ》ること。盆《ぼん》の期間《きかん》に休《やす》みを設《もう》けている会社《かいしゃ》も多《おお》い。単《たん》に「帰省《きせい》」というと夏《なつ》の季語《きご》。

お土産《みやげ》と宿題《しゅくだい》つめて盆帰省《ぼんきせい》

小四《しょうよん》　いちな

休《きゅう》暇《か》明《あけ》

初

夏休《なつやす》みが終《お》わって学校《がっこう》や仕事《しごと》が始《はじ》まること。日本《にほん》の学校《がっこう》は、七月《しちがつ》の下旬《げじゅん》から八月《はちがつ》いっぱいが夏休《なつやす》みであることが多《おお》い。休《やす》みが終《お》わる残念《ざんねん》な気持《きも》ちと新学期《しんがっき》が始《はじ》まる期待感《きたいかん》が感《かん》じられる。

こんな季語《きご》もあるよ

休暇果《きゅうかは》つ　二学期《にがっき》

教室《きょうしつ》でおみやげばなし休暇明《きゅうかあけ》

中一《ちゅういち》　麦人

敬《けい》老《ろう》の日《ひ》

仲

九月《くがつ》の第三月曜日《だいさんげつようび》、お年《とし》よりを敬《うやま》い、長生《ながい》きを祝《いわ》う。国民《こくみん》の祝日《しゅくじつ》のひとつ。聖徳太子《しょうとくたいし》が、貧《まず》しい人《ひと》や身内《みうち》のいない老人《ろうじん》などのために、悲田院《ひでんいん》という施設《しせつ》をつくったという伝説《でんせつ》に由来《ゆらい》すると考《かんが》えられている。

こんな季語《きご》もあるよ

敬老日《けいろうび》

照《て》れながら祖母《そぼ》と手《て》つなぐ敬老日《けいろうび》

小四《しょうよん》　かずき

秋祭《あきまつ》り

三

秋《あき》の祭《まつ》りは、稲《いね》の収穫後《しゅうかくご》、田《た》んぼを守《まも》ってくれていた神《かみ》さまに感謝《かんしゃ》を表《あらわ》し、山《やま》へ送《おく》り出《だ》すためにおこなわれる。単《たん》に「祭《まつ》り」というと、夏《なつ》の季語《きご》になる。

こんな季《き》語《ご》もあるよ

村祭《むらまつ》り

秋祭《あきまつ》りおどりや出店《でみせ》あふれだす

小五《しょうご》　やまもとゆな

おどり

初

盆《ぼん》おどりは、盆《ぼん》に帰《かえ》ってきた先祖《せんぞ》の霊《れい》をなぐさめるおどりのこと。俳句《はいく》では、「おどり」というと「盆《ぼん》おどり」のことを指《さ》す。秋《あき》の初《はじ》めにお寺《てら》や神社《じんじゃ》、町《まち》の広場《ひろば》で音楽《おんがく》にあわせてみんなで輪《わ》になっておどる。昔《むかし》は列《れつ》になって、町《まち》の中《なか》をみんなでおどりながら歩《ある》いていた。

こんな季《き》語《ご》もあるよ

盆《ぼん》おどり　おどり場《ば》

盆《ぼん》おどり亡《な》き曾祖母《そうそぼ》にありがとう

小五《しょうご》　居眠り八角

月《つき》 三

俳句《はいく》では「月《つき》」といったら、秋《あき》の月《つき》を指《さ》す。月《つき》は一《いち》年中見《ねんじゅうみ》られるものだが、秋《あき》から冬《ふゆ》にかけて空気《くうき》がすみ、月《つき》が明《あか》るく大《おお》きく輝《かがや》くからである。春《はる》の「花《はな》」冬《ふゆ》の「雪《ゆき》」と並《なら》んで、日本《にほん》の四季《しき》を代表《だいひょう》するものとされている。

こんな季語《きご》もあるよ　月光《げっこう》　月《つき》のぼる

月天心貧《つきてんしんまず》しき町《まち》を通《とお》りけり　与謝蕪村《よさぶそん》

名月《めいげつ》 仲

旧暦八月十五日《きゅうれきはちがつじゅうごにち》の夜《よる》の月《つき》。現在《げんざい》の暦《こよみ》では九月末《くがつまつ》から十月初《じゅうがつはじ》めごろにあたる。「中秋《ちゅうしゅう》の名月《めいげつ》」ともよばれ、古《ふる》くからこの夜《よる》の月《つき》がひときわ美《うつく》しいとされた。旬《しゅん》の里《さと》いもを供《そな》えることから、「いも名月《めいげつ》」ともいわれる。

こんな季語《きご》もあるよ　いも名月《めいげつ》　十五夜《じゅうごや》

名月《めいげつ》をとつ《（つ）》てくれろと泣《な》く子《こ》かな　小林一茶《こばやしいっさ》

月見《つきみ》 仲

月《つき》をながめて楽《たの》しむ行事《ぎょうじ》。とくに、旧暦《きゅうれき》の八月十五《はちがつじゅうご》日《にち》の夜《よる》に月《つき》を見《み》ることを指《さ》す。すすきやおだんごなどを供《そな》えて、きれいな月《つき》を楽《たの》しむ。唐《とう》（昔《むかし》の中国《ちゅうごく》）で中秋《ちゅうしゅう》の名月《めいげつ》を鑑賞《かんしょう》した記録《きろく》が残《のこ》っており、それが朝鮮半島《ちょうせんはんとう》を通《とお》って日本《にほん》に伝《つた》わり、平安時代《へいあんじだい》のころに広《ひろ》まったといわれている。

こんな季語《きご》もあるよ　のちの月《つき》　月見《つきみ》だんご

お月見《つきみ》だうさぎならんでうんどう会《かい》　小二《しょうに》　なあちゃん

終《しゅう》戦《せん》記《き》念《ねん》日《び》

初

八月十五日《はちがつじゅうごにち》。昭和二十年《しょうわにじゅうねん》のこの日《ひ》、太平洋戦争《たいへいようせんそう》を戦《たたか》っていた日本《にほん》が降伏《こうふく》して、戦争《せんそう》が終《お》わった。戦争《せんそう》で多《おお》くの犠牲者《ぎせいしゃ》を生《う》んでしまったことを反省《はんせい》し、平和《へいわ》を祈《いの》る日《ひ》である。

こんな季語《きご》もあるよ

終戦《しゅうせん》の日《ひ》　八月十五日《はちがつじゅうごにち》

終戦日《しゅうせんび》命《いのち》の重《おも》さに目《め》をとじる

小六《しょうろく》　せいじ

赤《あか》い羽《は》根《ね》

仲

毎年《まいとし》、十月一日《じゅうがつついたち》からおこなわれる募金《ぼきん》に、寄付《きふ》した人《ひと》がもらえる羽根《はね》。集《あつ》まったお金《かね》は、社会福祉《しゃかいふくし》のために使《つか》われる。

だがし屋《や》に行《い》ったつもりで赤《あか》い羽根《はね》

小四《しょうよん》　いこい

ハロウィン

晩

十月三十一日《じゅうがつさんじゅういちにち》、イギリスの古代《こだい》ケルト人《じん》が秋《あき》の収穫《しゅうかく》を祝《いわ》い、悪《わる》い霊《れい》を追《お》い出《だ》す祭《まつ》りをしていた。現在《げんざい》は日本《にほん》でも親《した》しまれていて、子《こ》どもも大人《おとな》も仮装《かそう》をして楽《たの》しんでいる。

公園《こうえん》でブランコこぐ魔女《まじょ》ハロウィーン

小五《しょうご》　あーにゃ

文《ぶん》化《か》の日《ひ》

晩

十一月三日《じゅういちがつみっか》の国民《こくみん》の祝日《しゅくじつ》。自由《じゆう》と平和《へいわ》を愛《あい》し、文化《ぶんか》が栄《さか》えることを願《ねが》う日《ひ》。日本各地《にほんかくち》で、文化祭《ぶんかさい》や芸術祭《げいじゅつさい》などが開《ひら》かれる。

妹《いもうと》とピアノ連弾《れんだん》文化《ぶんか》の日《ひ》

小三《しょうさん》　かのん

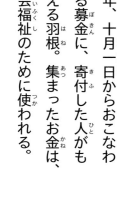

みんなの俳句

教室《きょうしつ》で揺《ゆ》れるコスモス何拍子《なんびょうし》

中二《ちゅうに》　櫻井裕二郎

秋日和《あきびより》空《そら》に向《む》かってボールける

小五《しょうご》　漱茶

秋風《あきかぜ》が走《はし》る僕《ぼく》らをすりぬける

中一《ちゅういち》　井上学

はっけよい相撲《すもう》じゃ負《ま》けない昼休《ひるやす》み

小五《しょうご》　居眠り八角

秋日和《あきびより》校庭《こうてい》あふる笑《わら》い声《ごえ》

小五《しょうご》　璃音

夏井《なつい》いつきの 俳《はい》句《く》教《きょう》室《しつ》 ①

みのむしはおふとんまいてあったかそう

小二《しょうに》　ゆなぴよ

ここがすてき！

「みのむし」のミノを「おふとん」にたとえていて、枝《えだ》にぶらさがるみのむしが見《み》えてくる句《く》です。「ふとん」は冬《ふゆ》の季語《きご》ですが、たとえに使《つか》った場合《ばあい》、季語《きご》の力《ちから》は少《すこ》し弱《よわ》くなります。ですから、この句《く》の主《しゅ》たる季語《きご》は「みのむし」です。

もったいないのは、下五《しもご》の「あったかそう」ですね。中七《なかしち》「おふとんまいて」で十分《じゅうぶん》あったかそうですから、「あったかそう」と書《か》かなくても伝《つた》わります。

もっとよくするには…

「あったかそう」を外《はず》して、余《あま》った五《ご》音《おん》をどう使《つか》うかが、最後《さいご》の工夫《くふう》です。

たとえば「みのむし」の様子《ようす》を、「ゆらゆらと」「くるくると」などオノマトペを使《つか》って書《か》いてもいいですね。ほかにも「軒《のき》の下《した》」「窓《まど》の外《そと》」「玄関《げんかん》に」など場《ば》所《しょ》を入《い》れたり、「朝《あさ》の窓《まど》」「夕暮《ゆうぐ》れて」など時間《じかん》を入《い》れたりと、具体的《ぐたいてき》に書《か》いてみましょう。

新《あたら》しい情報《じょうほう》を入《い》れてみよう

五音分《ごおんぶん》なにを入《い》れる？

- みのむしの様子《ようす》
- 場所《ばしょ》
- 時間《じかん》

こうしてみよう

みのむしはおふとんまいて〇〇〇〇〇

2章《しょう》

くらし・たべもの

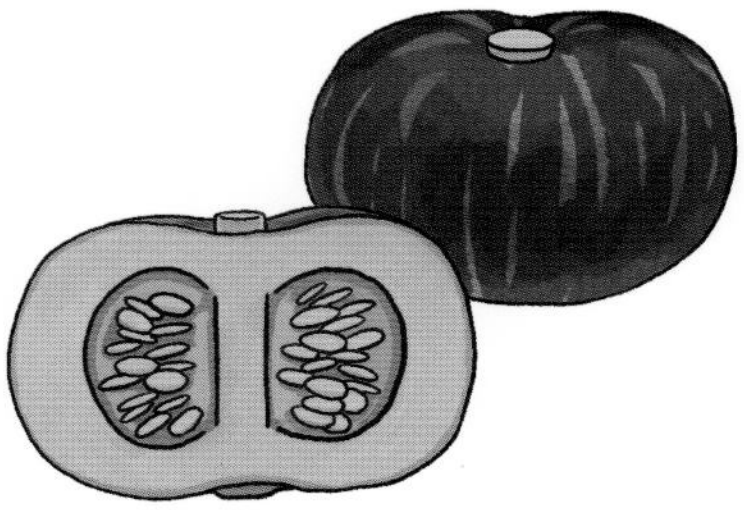

秋《あき》の田《た》

仲

稲《いね》の穂《ほ》が豊《ゆた》かに実《みの》った田《た》んぼのこと。稲《いね》は日本《にほん》に約《やく》三千年前《さんぜんねんまえ》に伝《つた》わり、人《ひと》びとの生活《せいかつ》に欠《か》かせないものになった。春《はる》の苗代《なわしろ》づくりから始《はじ》まり、夏《なつ》は田植《たう》えなどと季節《きせつ》ごとに多《おお》くの作業《さぎょう》をおこない、秋《あき》においしいお米《こめ》ができあがる。

こんな季語《きご》もあるよ

稲田《いなだ》　稲刈《いねか》り　田色《たいろ》づく　かかし

どこまでも続《つづ》く秋《あき》の田《た》金《きん》メダル

小三《しょうさん》　善

秋《あき》の野《の》

三

秋《あき》は実《みの》りの季節《きせつ》。秋《あき》の野原《のはら》ではさまざまな植物《しょくぶつ》が花《はな》や実《み》をつけ、代表的《だいひょうてき》なものに秋《あき》の七草《ななくさ》（↓30ページ）があげられる。夜《よる》には虫《むし》たちのきれいな鳴《な》き声《ごえ》が聞《き》こえてくる。

こんな季語《きご》もあるよ

野山《のやま》の色《いろ》

秋《あき》の野《の》や草《くさ》の中《なか》ゆく風《かぜ》の音《おと》　松尾芭蕉《まつおばしょう》

秋彼岸《あきひがん》

仲

秋分《しゅうぶん》の日《ひ》を真《ま》ん中《なか》にして、その前《まえ》と後《あと》の三日間《みっかかん》ずつをあわせた七日間《なのかかん》のこと。お墓参《はかまい》りに行《い》き、おはぎをご先祖《せんぞ》さまに供《そな》える。単《たん》に「彼岸《ひがん》」とだけいうと、春《はる》の彼岸《ひがん》を指《さ》す。

秋彼岸《あきひがん》おはぎつくって祖母《そぼ》の家《いえ》　小五《しょうご》　そら豆

菊《きく》の節句《せっく》

晩

旧暦《きゅうれき》の九月九日《くがつここのか》の節句《せっく》で、「重陽《ちょうよう》」ともいう。中国《ちゅうごく》から伝《つた》わって、日本《にほん》では平安時代《へいあんじだい》に貴族《きぞく》の年中行事《ねんちゅうぎょうじ》になり、菊《きく》の花《はな》を鑑賞《かんしょう》する会《かい》が開《ひら》かれ、菊酒《きくざけ》を飲《の》んで長生《ながい》きを願《ねが》った。

こんな季語《きご》もあるよ

菊《きく》の日《ひ》　菊《きく》の酒《さけ》

曾祖父《そうそふ》の米寿《べいじゅ》を祝《いわ》う菊《きく》の酒《さけ》　中一《ちゅういち》　美空

相撲《すもう》

初

土俵《どひょう》の上《うえ》で素手《すで》で組《く》み合《あ》って戦《たたか》う、日本《にほん》を代表《だいひょう》するスポーツ。相手《あいて》を倒《たお》すか、土俵《どひょう》の外《そと》に出《だ》すかで勝負《しょうぶ》が決《き》まる。弥生時代《やよいじだい》は、豊作《ほうさく》をうらなう神事《しんじ》としておこなわれ、奈良時代初期《ならじだいしょき》は、豊作《ほうさく》のお礼《れい》として神様《かみさま》へささげる行事《ぎょうじ》だった。昔《むかし》は秋祭《あきまつり》におこなわれることが多《おお》かったので、秋《あき》の季語《きご》とされている。

相撲《すもう》して父《ちち》をやぶって頂点《ちょうてん》だ

小五《しょうご》　野村くりあ

中元《ちゅうげん》

初

七月《しちがつ》の初《はじ》めから十五日《じゅうごにち》ごろにかけて、お世話《せわ》になった人《ひと》へおくりものをする習慣《しゅうかん》。中国《ちゅうごく》から伝《つた》わり、盆《ぼん》の行事《ぎょうじ》と結《むす》びついて、日本《にほん》に定着《ていちゃく》した。

こんな季語《きご》もあるよ

盆礼《ぼんれい》

おるすばん中元《ちゅうげん》とどいてふってみる

小四《しょうよん》　はらぺこりん

美術展覧会《びじゅつてんらんかい》

三

「芸術《げいじゅつ》の秋《あき》」には、美術展《びじゅつてん》が開《ひら》かれることが多《おお》い。暑《あつ》くも寒《さむ》くもない、すごしやすい気《き》候《こう》の中《なか》で、芸術《げいじゅつ》を楽《たの》しむことができる。

こんな季語《きご》もあるよ

美術《びじゅつ》の秋《あき》

絵筆《えふで》もち気分《きぶん》はピカソ美術《びじゅつ》の秋《あき》

小五《しょうご》　がく

冬支度《ふゆじたく》 晩

冬《ふゆ》をむかえる準備《じゅんび》をすること。秋《あき》の終《お》わりに近《ちか》づき、だんだん寒《さむ》くなってきたころ、コートやマフラーなどあたたかい洋服《ようふく》を準備《じゅんび》する。

こんな季語《きご》もあるよ

冬用意《ふゆようい》

雪国《ゆきぐに》に住《す》む祖父《そふ》思《おも》い冬支度《ふゆじたく》

小五《しょうご》　こめお

夜《よ》なべ 晩

夜《よ》ふかしして、仕事《しごと》をすること。秋《あき》から冬《ふゆ》にかけては夜《よる》が長《なが》くなり、気候《きこう》もよいので、仕事《しごと》がはかどる。

こんな季語《きご》もあるよ

夜仕事《よしごと》　夜業《やぎょう》

自慢《じまん》する母《はは》が夜《よ》なべしキャラ弁当《べんとう》

小六《しょうろく》　あるの

きのこ 晩

秋《あき》に旬《しゅん》をむかえるきのこ。森林《しんりん》の多《おお》い日本《にほん》では、昔《むかし》から人《ひと》びとの食卓《しょくたく》になじみの深《ふか》いものだった。昔《むかし》は「たけ」などとよばれていたが、江戸時代《えどじだい》の初《はじ》めごろから「きのこ」が季語《きご》になったといわれている。

こんな季語《きご》もあるよ

きのこがり　きのことり　たけがり
しいたけ　まいたけ　まつたけ　しめじ

ふくろもちきのこをめざして出《しゅっ》ぱつだ

小二《しょうに》　コナン

いも

三

俳句《はいく》では「いも」というときは、里《さと》いものことを指《さ》す。お月見《つきみ》のときのお供《そな》えものにも使《つか》われ、昔《むかし》から日本人《にほんじん》の食事《しょくじ》に欠《か》かせないものだった。里《さと》いものほか、さつまいもやじゃがいもも、秋《あき》に旬《しゅん》をむかえ、秋《あき》の季語《きご》とされる。

こんな季語《きご》もあるよ

じゃがいも　さつまいも

ねずみたちいもほり大会一等賞《たいかいいっとうしょう》

小一《しょういち》　おいも

秋《あき》なすび

仲

秋《あき》になってとれるなすのこと。「なす」だけだと夏《なつ》の季語《きご》。秋《あき》にとれるなすは、夏《なつ》のものより少《すこ》し小《ちい》さいが、やわらかくおいしい。

秋《あき》なすびむらさきのふくにあってる

小一《しょういち》　あさ

かぼちゃ

仲

かぼちゃは、夏《なつ》に明《あか》るい黄色《きいろ》の花《はな》を咲《さ》かせ、秋《あき》に大《おお》きな実《み》をつける。ハロウィン（↓12ページ）では、かぼちゃを顔《かお》の形《かたち》にくりぬいて魔除《まよ》けにする。

ほくほくのカボチャの煮物母《にものはは》の味《あじ》

小四《しょうよん》　ひまり

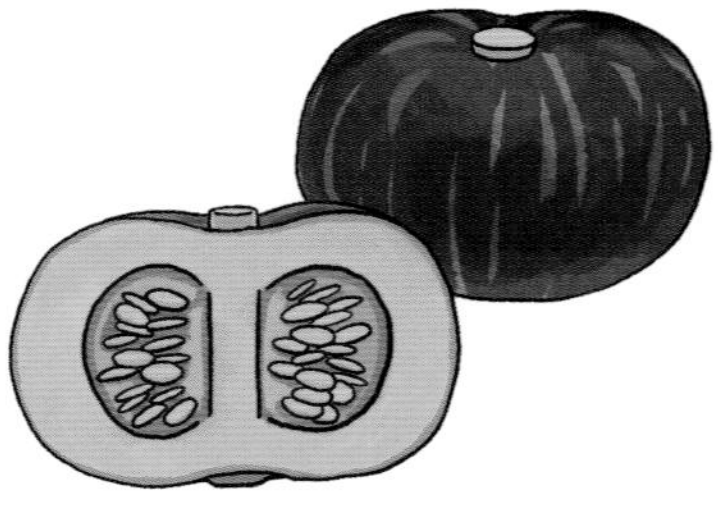

えだまめ 三

まだ熟《じゅく》していない、みどり色《いろ》をしている大豆《だいず》のこと。お月《つき》見《み》のときのお供《そな》えものにも使《つか》われるので、「月見豆《つきみまめ》」ともよばれる。

こんな季語《きご》もあるよ　月見豆《つきみまめ》

えだまめやぴょこぴょこはねるあばれんぼう

小二《しょうに》　かわいいくま

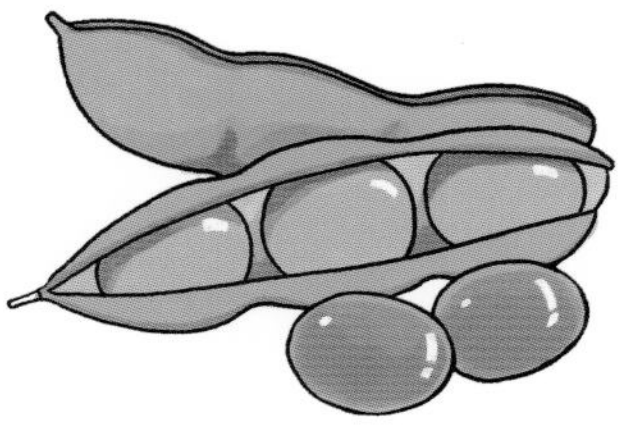

とうもろこし 仲

夏《なつ》に花《はな》が咲《さ》き、秋《あき》に実《み》を収穫《しゅうかく》する作物《さくもつ》。うすみどりの皮《かわ》をむくと、黄色《きいろ》の粒《つぶ》がみっちり並《なら》んでいる。原産国《げんさんこく》の中南米《ちゅうなんべい》では主食《しゅしょく》。

こんな季語《きご》もあるよ　とうきび

唐黍《とうきび》をつかみてゆるる大鴉《おおがらす》

飯田蛇笏《いいだだこつ》

栗《くり》 晩

とげとげしたいがにつつまれた茶色《ちゃいろ》の木《き》の実《み》。熟《じゅく》していがが開《ひら》き、実《み》をのぞかせているものは、笑《わら》い顔《がお》に見《み》えることから「笑栗《えみぐり》」という。

こんな季語《きご》もあるよ　いが栗《ぐり》　笑栗《えみぐり》

ながぐつでふんでけってくりとった

小一《しょういち》　たかやまさくね

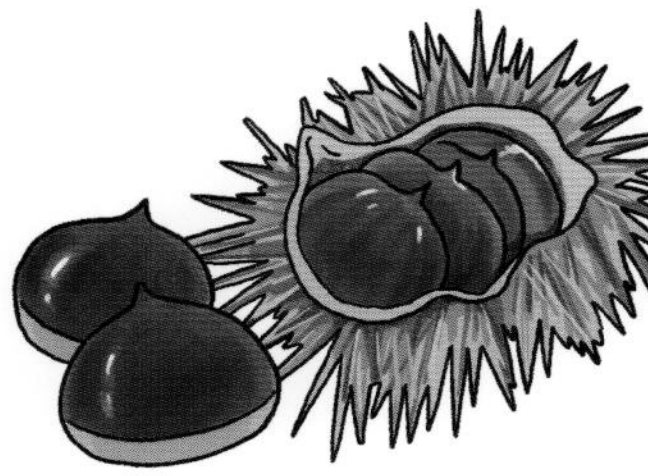

栗《くり》おこわ 晩

栗《くり》の実《み》をもち米《ごめ》などと一緒《いっしょ》に炊《た》き上《あ》げたごはん。栗《くり》の皮《かわ》をむいてつくるのが、大変《たいへん》だけれど、秋《あき》らしさを感《かん》じられる料理《りょうり》。

こんな季語《きご》もあるよ　栗《くり》めし

食《た》べすぎた妹《いもうと》とったくりおこわ

小六《しょうろく》　中山誠一郎

新米《しんまい》

三

秋《あき》はお米《こめ》の収穫時期《しゅうかくじき》で、多《おお》くの地域《ちいき》では九月《くがつ》から十《じゅう》月《がつ》ごろに稲刈《いねか》りをする。その年《とし》に新《あたら》しく収穫《しゅうかく》したお米《こめ》のことを「新米《しんまい》」という。昔《むかし》からお米《こめ》は日本《にほん》の大切《たいせつ》な主食《しゅしょく》で、新米《しんまい》が出回《でまわ》る秋《あき》は収穫《しゅうかく》の喜《よろこ》びを感《かん》じる季節《きせつ》。

こんな季語《きご》もあるよ

今年米《ことしまい》

からとれてきらりしんまい大《だい》へんしん

小一《しょういち》　ももちゃん

さんま

晩

九月《くがつ》から十月《じゅうがつ》ごろに旬《しゅん》をむかえる、秋《あき》の味覚《みかく》の代表《だいひょう》ともいえる魚《さかな》。細長《ほそなが》くて、青《あお》くきらきらと光《ひか》って泳《およ》ぐ。見《み》た目《め》が刀《かたな》に似《に》ているので、漢字《かんじ》では「秋刀魚《さんま》」と書《か》く。

いい香《かお》り母《はは》が秋刀魚《さんま》を焼《や》いている

中二《ちゅうに》　西川知花

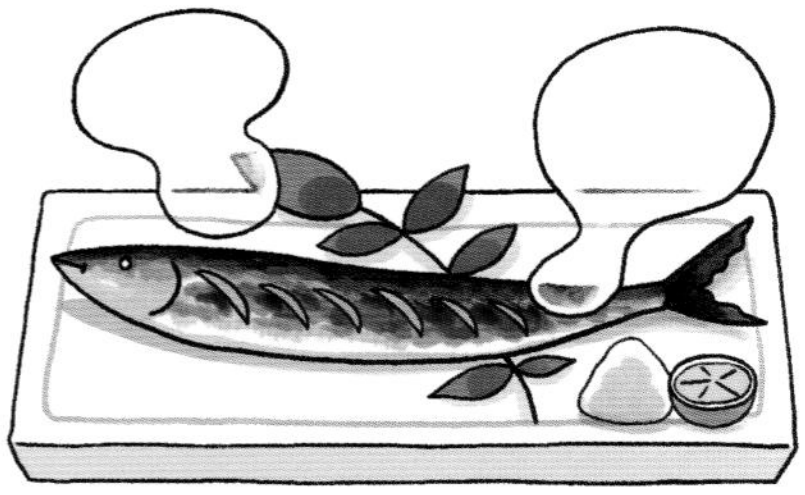

鮭《さけ》

仲

川《かわ》で生《う》まれたあと、海《うみ》で育《そだ》ち、大人《おとな》になってから、また自分《じぶん》の生《う》まれた川《かわ》に戻《もど》ってくる。ふるさとの川《かわ》に戻《もど》ってくる季《き》節《せつ》が秋《あき》といわれる。

さけたちはオレンジいろのたからもの

小二《しょうに》　トラ

桃《もも》

初

中国《ちゅうごく》から伝《つた》わったくだもの。災《わざわ》いをはねのける力《ちから》があるとされ、昔《むかし》から大切《たいせつ》にされてきた。夏《なつ》から秋《あき》にかけて旬《しゅん》をむかえる。「桃《もも》の花《はな》」は春《はる》の季語《きご》。

桃《もも》が好《す》き甘《あま》い香《かお》りに目《め》を閉《と》じる

小六《しょうろく》　花鈴

すいか

初

みどりと黒《くろ》のしまもようの皮《かわ》が特徴的《とくちょうてき》なくだもの。夏《なつ》のくだものとイメージする人《ひと》も多《おお》いが、立秋《りっしゅう》（↓54ページ）のころによくとれるので、秋《あき》の季語《きご》になっている。

スイカの実《み》うましうましと笑顔《えがお》の実《み》

小六《しょうろく》　やきりんご

ぶどう

仲

丸《まる》くてつやつやした実《み》が、ふさになって垂《た》れ下《さ》がるくだもの。八月《はちがつ》から十月《じゅうがつ》ごろにかけて旬《しゅん》をむかえる。生《なま》で食《た》べるほか、ジュースやワインにもなる。

青春《せいしゅん》は甘《あま》くすっぱいブドウ食《く》う

中三《ちゅうさん》　早川諒

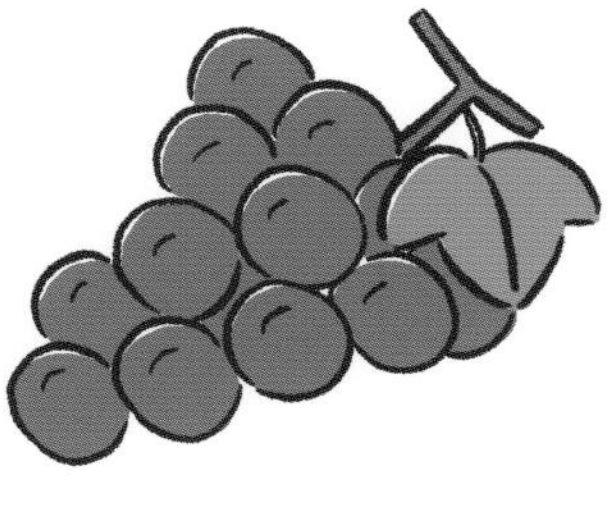

りんご

晩

寒《さむ》い地域《ちいき》でよくつくられ、秋《あき》から冬《ふゆ》にかけて旬《しゅん》をむかえる。青空《あおぞら》を背景《はいけい》に、真《ま》っ赤《か》なりんごが実《みの》る風景《ふうけい》はいかにも秋《あき》らしい。

シャカシャカとみみにひびくりんごの音《おと》

小一《しょういち》　りんごちゃん

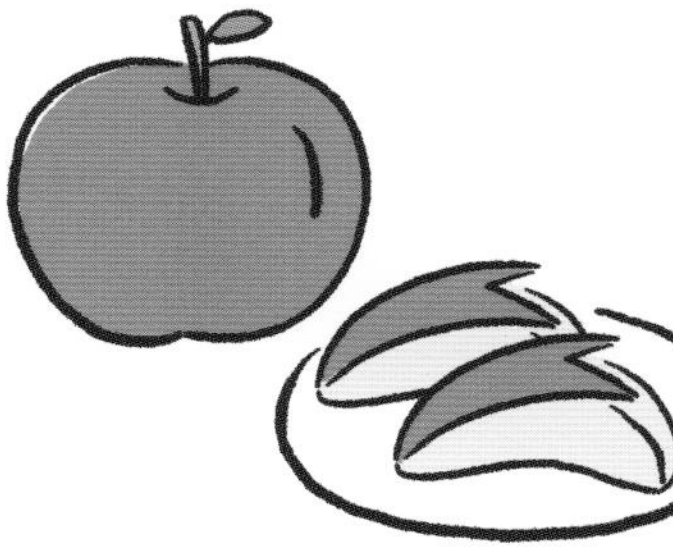

柿《かき》

晩

秋《あき》に収穫《しゅうかく》される、朱色《しゅいろ》のつやつやしたくだもの。日本《にほん》を代《だい》表《ひょう》するくだもののともされ、アメリカやヨーロッパなど、日《に》本《ほん》から伝《つた》わった国《くに》では「ka《か》ki《き》」とよばれることもある。

こんな季語《きご》もあるよ

あま柿《がき》　しぶ柿《がき》

柿《かき》食《く》へ《（え）》ば鐘《かね》が鳴《な》るなり法隆寺《ほうりゅうじ》

正岡子規《まさおかしき》

いちじく

晩

秋《あき》にあまい実《み》をつける木《き》。花《はな》が見当《みあ》たらないのに実《み》をつけるように見《み》えるので、「無花果《いちじく》」と書《か》く。実《み》の内側《うちがわ》にたくさんの小《ちい》さな花《はな》をつける。

いちじくの大《おお》きな葉《は》っぱじじの手《て》みたい

小一《しょういち》　はる

落花生《らっかせい》

晩

あみ目《め》のような模様《もよう》がついた、かたいからにつつまれている豆《まめ》。実《み》は秋《あき》に旬《しゅん》をむかえる。枝《えだ》ではなく、土《つち》の中《なか》で実《み》がつく少《すこ》しふしぎな植物《しょくぶつ》。

こんな季語《きご》もあるよ

ピーナッツ

落花生《らっかせい》喰《く》ひ《（い）》つつ読《よ》むや罪《つみ》と罰《ばつ》

高浜虚子《たかはまきょし》

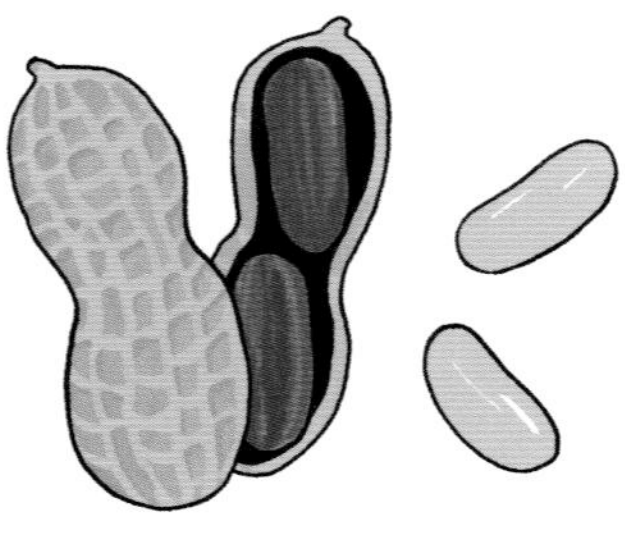

梨《なし》

三

秋《あき》に旬《しゅん》をむかえるくだものの代表格《だいひょうかく》。日本《にほん》では、飛鳥時代《あすかじだい》から栽培《さいばい》が始《はじ》まり、現在《げんざい》はさまざまな新《あたら》しい品種《ひんしゅ》が出回《でまわ》っている。

病室《びょうしつ》で梨《なし》むく母《はは》の手《て》は細《ほそ》し

中二《ちゅうに》　さき

みんなの俳句

わたり鳥《どり》みんなでいっしょに大旅行《だいりょこう》

小五《しょうご》　JOE

どんぐりの親子《おやこ》がさんぽしているよ

小三《しょうさん》　大野優奈

かかしたちみんなでならんではっぴょう会《かい》

小二《しょうに》　なあちゃん

鰯雲《いわしぐも》今日《きょう》は大量《たいりょう》かもしれない

中二《ちゅうに》　會澤健太

蓑虫《みのむし》がブランコ始《はじ》める風《かぜ》の中《なか》

中二《ちゅうに》　平嶋美加

夏井《なつい》いつきの

俳句教室《はいくきょうしつ》②

束《つか》の間《ま》の台風《たいふう》の目《め》で読書《どくしょ》して

小六《しょうろく》 藤

ここがすてき！

激《はげ》しい雨《あめ》と暴風《ぼうふう》を伴《ともな》う台風《たいふう》は、大《おお》きな被害《ひがい》をもたらすこともしばしばですが、「台風《たいふう》の目《め》」に入《はい》ると、一時的《いちじてき》に風《かぜ》がやんだり、青空《あおぞら》が見《み》えたりします。

その時間《じかん》を「読書《どくしょ》」しているというリアリティがいいですね。読書《どくしょ》という静《しず》かに流《なが》れる時間《じかん》は、台風《たいふう》の目《め》の中《なか》に入《はい》る前《まえ》の、ものすごく吹《ふ》いていた風《かぜ》をも想像《そうぞう》させます。いったい、どんな本《ほん》を読《よ》んでいるのでしょう。

もっとよくするには…

「台風《たいふう》の目《め》」の中《なか》にいるのは限《かぎ》られた時間《じかん》です。となれば、「束《つか》の間《ま》の」は書《か》かなくても分《わ》かりますよ。

この句《く》の場合《ばあい》は、上五《かみご》の五音《ごおん》「束《つか》の間《ま》の」を外《はず》して、残《のこ》りの内容《ないよう》をゆったりと調《しら》べにのせるだけでOK《オーケー》です。

「台風《たいふう》の目《め》の中《なか》にいて読書《どくしょ》する」

ほかに、読書《どくしょ》している本《ほん》について具体的《ぐたいてき》に書《か》くこともできます。

こうしてみよう

台風《たいふう》の目《め》の中《なか》にいて読書《どくしょ》する

なにを入《い》れるか考《かんが》えてみよう

外《はず》した五音分《ごおんぶん》どうする？

・内容《ないよう》をゆったりと書《か》く

・読《よ》んでいる本《ほん》の具体的《ぐたいてき》な情報《じょうほう》を入《い》れる

3章《しょう》

生《い》きもの

紅葉《こうよう》 晩

秋《あき》の終《お》わりに、草木《くさき》の葉《は》っぱが赤色《あかいろ》や黄色《きいろ》に染《そ》まること。紅葉《こうよう》といえば、代表的《だいひょうてき》なのが楓《かえで》。そのほかにも、銀杏《いちょう》や桜《さくら》、柿《かき》の木《き》などもきれいに色《いろ》づく。葉《は》の色《いろ》づき方《かた》は陽《ひ》の光《ひかり》や温度《おんど》に左右《さゆう》されるので、同《おな》じ木《き》の葉《は》でも色合《いろあ》いがちがうこともある。

こんな季語《きご》もあるよ
紅葉《もみじ》　初紅葉《はつもみじ》

もみじの葉《は》赤《あか》くそまってはずかしい
小五《しょうご》　坂井志帆

紅葉狩《もみじが》り 晩

きれいに色《いろ》づいた紅葉《こうよう》を見《み》に行《い》くこと。平安時代《へいあんじだい》に年中行事《ねんちゅうぎょうじ》としておこなわれ、貴族《きぞく》たちは紅葉《こうよう》を愛《め》でながら宴《うたげ》を開《ひら》き、その美《うつく》しさを和歌《わか》に詠《よ》んだ。江《え》戸時代《どじだい》以降《いこう》、全国各地《ぜんこくかくち》の紅葉《こうよう》の名所《めいしょ》を人《ひと》びとがおとずれるようになったといわれる。

こんな季語《きご》もあるよ
紅葉見《もみじみ》

母《はは》の手《て》をしっかりにぎり紅葉狩《もみじが》り
小四《しょうよん》　ゆず

野山《のやま》の錦《にしき》

晩

山《やま》や野原《のはら》が紅葉《こうよう》で彩《いろど》られた様子《ようす》を、錦《にしき》に見立《みた》てた言葉《ことば》。錦《にしき》とはさまざまな色《いろ》の糸《いと》で織《お》られた、美《うつく》しいもようの織物《おりもの》。

こんな季語《きご》もあるよ

秋《あき》の錦《にしき》　野《の》の錦《にしき》　山《やま》の錦《にしき》　草木《くさき》の錦《にしき》　錦《にしき》の野山《のやま》

スマホ買《か》い野山《のやま》の錦《にしき》まちうけに　中二《ちゅうに》　あらた

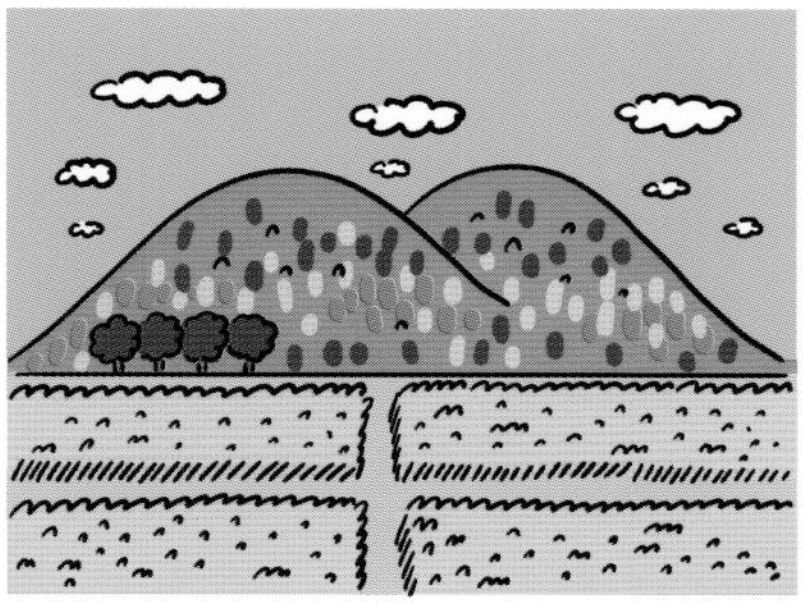

花野《はなの》

三

秋《あき》の草花《くさばな》が咲《さ》き乱《みだ》れる野原《のはら》のこと。春《はる》の華《はな》やかな野《の》とはちがった、しみじみとした美《うつく》しさがある。

こんな季語《きご》もあるよ

花畑《はなばたけ》

家出《いえで》した猫《ねこ》を見《み》つけた花畑《はなばたけ》　中一《ちゅういち》　かのん

照葉《てりは》

晩

秋《あき》に紅葉《こうよう》した葉《は》が太陽《たいよう》の光《ひかり》に照《て》らされてかがやいていること。単《たん》につやつやした葉《は》ということではない。赤《あか》い色素《しきそ》は光《ひかり》が当《あ》たることでつくられるので、日当《ひあ》たりの良《よ》いところほど鮮《あざ》やかに紅葉《こうよう》する。

こんな季語《きご》もあるよ

照紅葉《てりもみじ》

から堀《ぼり》の中《なか》に道《みち》ある照葉《てりは》かな　与謝蕪村《よさぶそん》

秋《あき》の七草《ななくさ》

三

秋《あき》の野《の》に咲《さ》く代表的《だいひょうてき》な七《なな》つの草花《くさばな》。奈良時代《ならじだい》の万葉集《まんようしゅう》の、「萩《はぎ》の花《はな》尾花《おばな》くず花《ばな》なでしこの花《はな(お)》をみなへ《(え)》し また藤袴朝顔《ふじばかまあさがお》の花《はな》※」という山上憶良《やまのうえのおくら》の歌《うた》から生《う》まれた。

※ここでいう朝顔《あさがお》の花《はな》は桔梗《ききょう》のことだとされている。

丘《おか》の道《みち》秋《あき》の七草《ななくさ》咲《さ》きほこる

小五《しょうご》　たうそしがひ

萩《はぎ》

初

秋《あき》の七草《ななくさ》のひとつ。はねを広《ひろ》げた蝶《ちょう》のような、小《ちい》さなむらさきや白色《しろいろ》の花《はな》をつける。野《の》山《やま》の中《なか》にひっそりと咲《さ》く姿《すがた》がかわいらしい。

たくさんの小《ちい》さなつぶははぎの花《はな》

小五《しょうご》　花江邊丸

すすき

三

秋《あき》の七草《ななくさ》のひとつ。月見《つきみ》のお供《そな》えものとしてもかかせない。すすきとは、花《はな》や茎《くき》、葉《は》っぱ全体《ぜんたい》を指《さ》すが、花《はな》の部分《ぶぶん》のことをとくに「尾花《おばな》」という。

こんな季語《きご》もあるよ

尾花《おばな》

風《かぜ》が吹《ふ》きすすきの先《さき》がほほふれる

小五《しょうご》　さふゆ

くずの花《はな》

初

秋《あき》の七草《ななくさ》のひとつ。むらさき色《いろ》のしっぽのようなふしぎな形《かたち》の花《はな》を咲《さ》かせる。根《ね》を乾燥《かんそう》させてつくるくず粉《こ》は、料理《りょうり》に使《つか》われる。

ひっそりと土手《どて》にたたずむくずの花《はな》

小五《しょうご》　四季色葉

なでしこ

初

秋《あき》の七草《ななくさ》のひとつ。花《はな》びらの先《さき》には細《こま》かい切《き》れこみがたくさんある。なでしこという名《な》前《まえ》は、かわいがっている子《こ》という意《い》味《み》の「撫《な》でし子《こ》」からきている。

色《いろ》とりどりなでしこの花《はな》火《び》上《あ》がってる

小五《しょうご》 花梨

おみなえし

初

秋《あき》の七草《ななくさ》のひとつ。ぴんと伸《の》びた茎《くき》の先《さき》に、小《ちい》さい花《はな》をたくさんつける。日《ひ》当《あ》たりのよい山野《さんや》に咲《さ》くほか、庭《にわ》や畑《はたけ》に植《う》えられている。

おみなえし背《せ》すじを伸《の》ばし雨《あめ》の中《なか》

小五《しょうご》 ふみ

藤袴《ふじばかま》

初

秋《あき》の七草《ななくさ》のひとつ。山野《さんや》や川《かわ》岸《ぎし》などに生《は》え、あわいむらさき色《いろ》の花《はな》を咲《さ》かせる。乾燥《かんそう》させると、いいにおいがする。

ひらひらと全身《ぜんしん》おめかしふじばかま

小五《しょうご》 新南らみ

桔梗《ききょう》

初

秋《あき》の七草《ななくさ》のひとつ。むらさきや白色《しろいろ》の星《ほし》のような形《かたち》の花《はな》をつける。根《ね》の部分《ぶぶん》は昔《むかし》から薬《くすり》に使《つか》われてきた。

紫《むらさき》のふつ(つ)とふくらむ桔梗《ききょう》かな

正岡子規《まさおかしき》

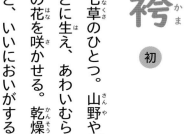

菊《きく》 三

秋《あき》を代表《だいひょう》する植物《しょくぶつ》で、黄色《きいろ》や白《しろ》の花《はな》を咲《さ》かせる。奈良時代《ならじだい》に中国《ちゅうごく》からわたってきた。見《み》た目《め》がきれいなだけでなくかおりもよく、食用《しょくよう》のものもある。

菊《きく》の香《か》や奈良《なら》には古《ふる》き仏達《ほとけたち》

松尾芭蕉《まつおばしょう》

鶏頭《けいとう》 三

にわとりのとさかのような形《かたち》の花《はな》をつける植物《しょくぶつ》。日本《にほん》では古《ふる》くから栽培《さいばい》されており、『万葉集《まんようしゅう》』にも登場《とうじょう》している。

こんな季語《きご》もあるよ　鶏頭花《けいとうか》

鶏頭《けいとう》の十四五本《じゅうしごほん》もありぬべし

正岡子規《まさおかしき》

おしろいばな 仲

赤《あか》や白《しろ》、黄色《きいろ》などの小《ちい》さな花《はな》をたくさんつける。小《ちい》さな種《たね》を割《わ》ると、中《なか》には白《しろ》いおしろい（肌《はだ》の色《いろ》を整《ととの》える化粧品《けしょうひん》）のような粉《こな》がある。

白粉《おしろい》の花《はな》ぬつ《（つ）》てみる娘《むすめ》かな

小林一茶《こばやしいっさ》

ねこじゃらし 三

えのころ草《ぐさ》ともよばれ、全国《ぜんこく》どこでもよく見《み》られる草《くさ》。細《ほそ》長《なが》い茎《くき》の先《さき》に細《こま》かい毛《け》のふさふさとした穂《ほ》をつける。

こんな季語《きご》もあるよ　えのころ草《ぐさ》　犬子草《いぬこぐさ》

ねこじゃらしかきわけ目指《めざ》すひみつきち

小四《しょうよん》　ボス

草《くさ》の花《はな》

三

秋《あき》に咲《さ》くさまざまな草花《くさばな》のこと。秋《あき》は、ひっそりと咲《さ》き、枯《か》れていく様子《ようす》もしみじみと美《うつく》しい。

こんな季語《きご》もあるよ

千草《ちぐさ》の花《はな》　草花《くさばな》　野《の》の花《はな》

野《の》の花《はな》をこっそりひろい押《お》し花《ばな》に

小三《しょうさん》　あきは

朝顔《あさがお》

初

つるがどんどんのびていき、青《あお》やむらさき色《いろ》などの丸《まる》い花《はな》をつける。夜明《よあ》けに花《はな》を咲《さ》かせ、昼《ひる》にはしぼんでしまう。学校《がっこう》の授業《じゅぎょう》で育《そだ》てることも多《おお》い。

早起《はやお》きだ花《はな》びら開《ひら》くぞあさがおの

小五《しょうご》　ネギトロたいちょう

彼岸花《ひがんばな》

仲

田畑《たはた》のまわりや川岸《かわぎし》などに見《み》られ、赤《あか》い花《はな》を咲《さ》かせる。「曼《まん》珠沙華《じゅしゃげ》」ともよばれ、「天界《てんかい》に咲《さ》く花《はな》」という意味《いみ》がある。

こんな季語《きご》もあるよ

曼珠沙華《まんじゅしゃげ》

彼岸花《ひがんばな》赤《あか》くそまる小道《こみち》かな

小五《しょうご》　花草咲夜

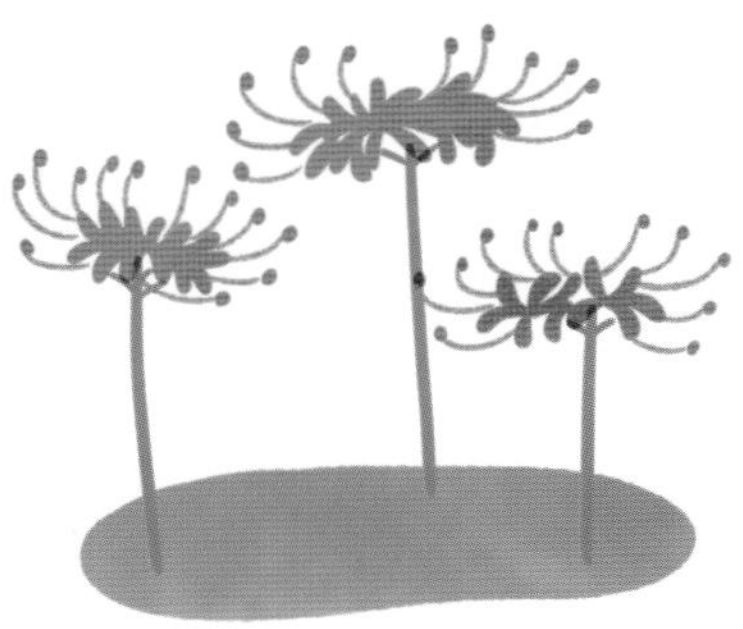

コスモス

仲

白《しろ》、ピンク、むらさき色《いろ》の花《はな》をつける。花《はな》びらの形《かたち》が桜《さくら》に似《に》ているため、「秋桜《あきざくら》」ともいわれる。風《かぜ》に吹《ふ》かれる姿《すがた》が美《うつく》しい。

こんな季語《きご》もあるよ

秋桜《あきざくら》

コスモスがしゃなりしゃなりとゆれている

中二《ちゅうに》　植草綾乃

木犀《もくせい》　仲

公園《こうえん》や庭《にわ》などに植《う》えられている身近《みぢか》な木《き》。金木犀《きんもくせい》と銀木犀《ぎんもくせい》があり、金木犀《きんもくせい》はオレンジ色《いろ》、銀木犀《ぎんもくせい》は白色《しろいろ》の花《はな》を咲《さ》かせる。花《はな》からはうっとりするほどのあまいにおいがする。

こんな季語《きご》もあるよ

木犀《もくせい》の花《はな》　金木犀《きんもくせい》　銀木犀《ぎんもくせい》

授業中《じゅぎょうちゅう》はるかにかおる金木犀《きんもくせい》

小五《しょうご》　俳花菜々

ほおずき　初

花《はな》が咲《さ》いたあとに赤《あか》い実《み》をつける。実《み》の中《なか》の種《たね》をとりのぞき袋《ふくろ》のようにし、空気《くうき》を入《い》れて音《おと》を鳴《な》らして遊《あそ》ぶ。昔《むかし》は草《くさ》全体《ぜんたい》が高熱《こうねつ》などの薬《くすり》に使《つか》われていた。

ほおずきにかくれていた黄色《きいろ》の実《み》

小五《しょうご》　花江邊丸

りんどう　仲

九月《くがつ》から十月《じゅうがつ》ごろに咲《さ》く、秋《あき》の野山《のやま》を彩《いろど》る花《はな》。こい青《あお》むらさき色《いろ》で、つりがねのような形《かたち》をしている。根《ね》は「竜胆《りんどう》」という漢方薬《かんぽうやく》になる。

こんな季語《きご》もあるよ

濃《こ》りんどう

るり色《いろ》の着物《きもの》が似合《にあ》う濃《こ》りんどう

中一《ちゅういち》　るりか

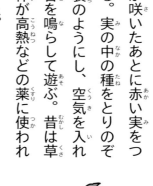

へちま　三

きゅうりに似《に》た長《なが》い実《み》をぶらさげるようにつける。実《み》は大《おお》きくなると一《いち》メートルをこえるものもある。実《み》でたわし、茎《くき》から出《で》る液《えき》で化粧水《けしょうすい》をつくる。

へそ曲《ま》がりへちまもケンカばかりかな

小三《しょうさん》　げんき

木《こ》の実《み》　晩

かたいからに包《つつ》まれた樹木《じゅもく》の実《み》のこと。秋《あき》になるとばらばらと落《お》ちてくる。木《こ》の実《み》が落《お》ちる音《おと》を聞《き》くと秋《あき》をしみじみと感《かん》じる。

こんな季語《きご》もあるよ

木《こ》の実《み》落《お》つ　木《こ》の実《み》降《ふ》る

木《こ》の実《み》降《ふ》る音《おと》からからと藪《やぶ》の中《なか》

高浜虚子《たかはまきょし》

どんぐり　晩

ブナ、クヌギ、ナラなどの茶《ちゃ》色《いろ》くつやつやした木《き》の実《み》のこと。実《み》を守《まも》る「かくと」がついていて、帽子《ぼうし》をかぶったように見《み》える。コマをつくって遊《あそ》ぶのも楽《たの》しい。

団栗《どんぐり》の落《お》ちて沈《しず》むや山《やま》の池《いけ》

正岡子規《まさおかしき》

銀杏《ぎんなん》　晩

イチョウのメスの木《き》につく丸《まる》い実《み》。外側《そとがわ》の果肉《かにく》はくさいにおいがする。実《み》の中《なか》にはかたい種《たね》があり、焼《や》いたり、茶碗《ちゃわん》蒸《む》しに入《い》れたりして食《た》べられている。

銀杏《ぎんなん》をひろって今夜《こんや》は茶《ちゃ》わんむし

小五《しょうご》　きのこ

虫《むし》 三

一年中《いちねんじゅう》さまざまな虫《むし》がいるが、俳句《はいく》で「虫《むし》」というと秋《あき》の夜《よる》に鳴《な》く虫《むし》のことをいう。昔《むかし》から秋《あき》の虫《むし》の鳴《な》き声《ごえ》は、人《ひと》びとに愛《あい》され、和歌《わか》や俳句《はいく》に多《おお》く詠《よ》まれてきた。

こんな季語《きご》もあるよ
虫《むし》の声《こえ》　虫《むし》鳴《な》く

虫《むし》の音《ね》をあつめて星《ほし》の夜明《よあ》けかな
織本花嬌《おりもとかきょう》

こおろぎ 三

草《くさ》むらや庭《にわ》など、身近《みぢか》なところにいる虫《むし》。エンマコオロギは大《おお》きな音《おと》で「コロコロリリリリ」、ツヅレサセコオロギは小《ちい》さな音《おと》で「リーリー」と鳴《な》く。

こおろぎが僕《ぼく》のおなかにいるみたい
中二《ちゅうに》　町田渉

すずむし 初

草《くさ》むらで「リーン、リーン」とすずがなるような音《おと》で鳴《な》く虫《むし》。平安時代《へいあんじだい》からその声《こえ》が貴《き》族《ぞく》の間《あいだ》で愛《あい》され、虫《むし》かごなどに入《い》れて飼育《しいく》し、音《おと》を楽《たの》しむ人《ひと》もいた。

すず虫《むし》に招待《しょうたい》されるコンサート
小六《しょうろく》　今泉春菜

松虫《まつむし》

初

草《くさ》むらで「チンチロリン」と盛《さか》んに鳴《な》く虫《むし》。江戸時代《えどじだい》にはすずむしとならんでよい声《こえ》の虫《むし》とされ、人気《にんき》があった。

こんな季語《きご》もあるよ

ちんちろ　ちんちろりん

風《かぜ》の音《ね》は山《やま》のまぼろしちんちろりん

渡辺水巴《わたなべすいは》

きりぎりす

初

夏《なつ》から秋《あき》にかけて野原《のはら》によく見《み》られる虫《むし》。オスは「チョンギース」と鳴《な》くことからきりぎりすという名前《なまえ》になったともいわれている。

赤点《あかてん》のぼくをはげますきりぎりす

中二《ちゅうに》　たけし

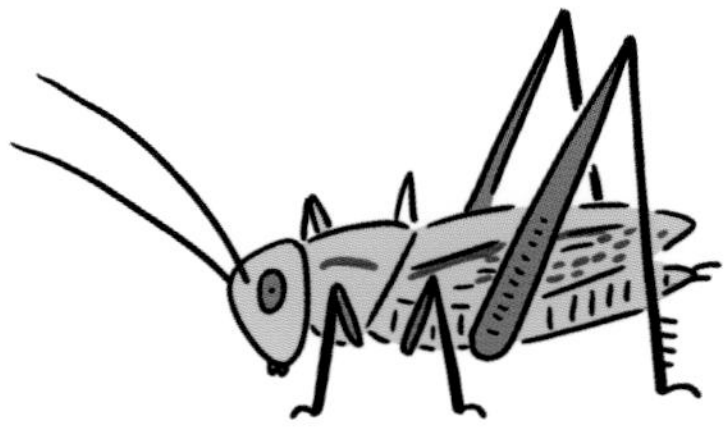

かまきり

三

三角形《さんかくけい》の頭《あたま》を持《も》ち、前《あし》あしが鎌《かま》のような形《かたち》をしている虫《むし》。みどり色《いろ》やうす茶色《ちゃいろ》で草《くさ》むらによくかくれている。前《まえ》の両《りょう》あしをかまえて、いかくするポーズが特徴的《とくちょうてき》。

草原《くさはら》の小《ち》さな美容院《びよういん》かまきり屋《や》

中三《ちゅうさん》　岡野恵美

とんぼ

三

棒《ぼう》のように細《ほそ》い体《からだ》と透明《とうめい》な四《よん》枚《まい》のはねをもつ虫《むし》。まっすぐとぶのはもちろん、止《と》まったり宙返《ちゅうがえ》りしたり、自由自在《じゆうじざい》。夕暮《ゆうぐ》れ、赤《あか》く染《そ》まった空《そら》に飛《と》ぶ様子《ようす》が秋《あき》らしい。

プールではトンボが水温《すいおん》はかってる

小六《しょうろく》　佐々木泰良

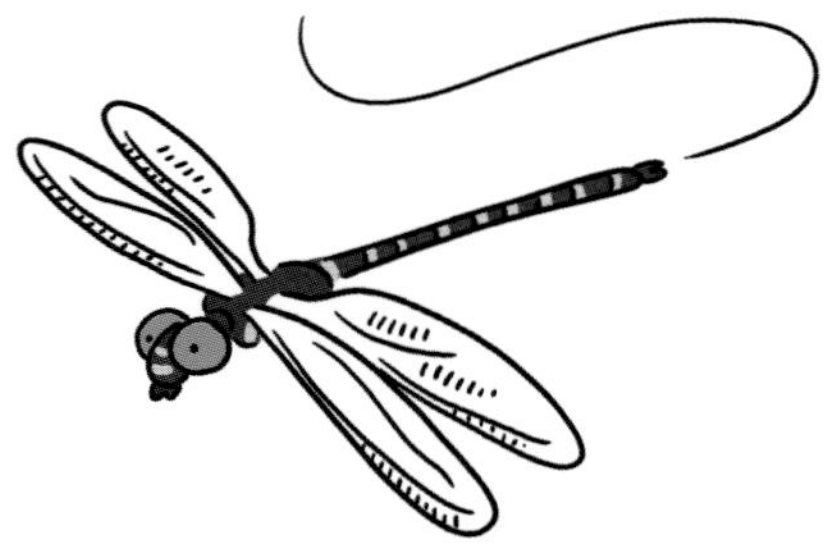

つくつくぼうし

初

「ツクツクホーシ」と聞《き》こえる音《おと》で鳴《な》くせみの一種《いっしゅ》。せみの中《なか》では、一番《いちばん》おそい時期《じき》に鳴《な》く。「せみ」は夏《なつ》の季語《きご》。

こんな季《き》語《ご》もあるよ

法師蟬《ほうしぜみ》　つくつくし

みつけるぞつくつくぼうしかくれんぼ

小一《しょういち》　虫すきろう

ひぐらし

初

深《ふか》い森《もり》や林《はやし》の中《なか》で、「カナカナ」とすんだきれいな声《こえ》で鳴《な》く虫《むし》。明《あ》け方《がた》や夕方《ゆうがた》などのうす暗《ぐら》い時間《じかん》や、夕立《ゆうだち》の前《まえ》などに多《おお》く鳴《な》くといわれている。

人《ひと》の世《よ》の悲《かな》し悲《かな》しと蜩《ひぐらし》が

高浜虚子《たかはまきょし》

ばった

初

後《うし》ろあしが太《ふと》く長《なが》く、遠《とお》くまでジャンプできる虫《むし》。俳句《はいく》では、飛《と》ぶときのはねの音《おと》から「はたはた」や「きちきち」とよばれることもある。

こんな季《き》語《ご》もあるよ

はたはた　きちきち

ランニングばったに驚《おどろ》く土手《どて》の道《みち》

中二《ちゅうに》　おこば

みのむし

三

体《からだ》から出《だ》す糸《いと》で木《き》の枝《えだ》や葉《は》っぱをくっつけてねぶくろのような巣《す》をつくるミノガの幼虫《ようちゅう》。巣《す》の中《なか》にひそんで、枝《えだ》にぶら下《さ》がっている。

みのむしのブランコを避《よ》け走《はし》る朝《あさ》

小六《しょうろく》　まさし

鹿《しか》

三

秋《あき》になると恋《こい》の相手《あいて》を求《もと》めて鳴《な》くので、秋《あき》の季語《きご》になった。その声《こえ》を詠《よ》んだ俳句《はいく》が多《おお》くある。「鹿《か》の子《こ》」は夏《なつ》の季語《きご》。

こんな季語《きご》もあるよ

鹿鳴《しかな》く　鹿《しか》の声《こえ》

うつくしい自然《しぜん》とともに鹿《しか》の声《こえ》

小六《しょうろく》　秋風紅葉

いのしし

晩

茶色《ちゃいろ》の毛《け》におおわれている丸々《まるまる》とした体《からだ》が特徴《とくちょう》。田畑《たはた》の作物《さくもつ》を荒《あ》らすこまった存在《そんざい》でもある。いのししの子《こ》どもは瓜《うり》に似《に》たしまもようがあるため瓜坊《うりぼう》とよばれる。

こんな季語《きご》もあるよ

瓜坊《うりぼう》

山畑《やまはた》の芋《いも》ほる後《あと》に伏《ふ》す猪《い》かな

其角《きかく》

雁《かり》

晩

秋《あき》の終《お》わりに北《きた》の方《ほう》から日本《にほん》にわたってくる鳥《とり》。空《そら》の高《たか》いところで、群《む》れをつくって鳴《な》きながら飛《と》ぶ。その声《こえ》も昔《むかし》から愛《め》でられてきた。

こんな季語《きご》もあるよ

がん

鳴《な》く雁《かり》を見上《みあ》げる先《さき》に雲一《くもひと》つ

中一《ちゅういち》　ことね

もず

三

おなかがオレンジ色《いろ》、背中《せなか》が灰色《はいいろ》の小《ちい》さな鳥《とり》。木《き》のてっぺんで「キィーッ」と高《たか》い鳴《な》き声《ごえ》をあげる。つかまえた獲物《えもの》を枝《えだ》につきさしておくことがあり、これを「もずのはやにえ」という。

鵙《もず》の声《こえ》かんにん袋《ぶくろ》破《やぶ》れたか

小林一茶《こばやしいっさ》

わたり鳥《どり》

晩

俳句《はいく》で「わたり鳥《どり》」というと、秋《あき》になると日本《にほん》にわたってくる鳥《とり》のこと。かもや雁《かり》、白鳥《はくちょう》などの水鳥《みずどり》、ひわやつぐみといった小鳥《ことり》などがいる。秋《あき》のわたり鳥《どり》は大《おお》きな群《む》れをつくるものが多《おお》く、印象的《いんしょうてき》。

こんな季語《きご》もあるよ

鳥《とり》わたる　鳥《とり》のわたり

わたりどりあたたかいところに大《だい》りょこう

小五《しょうご》　参報

きつつき

三

かたくとがったくちばしで、木《き》に穴《あな》を開《あ》け、中《なか》にいる虫《むし》を食《た》べる鳥《とり》。足《あし》にするどいツメがあり、木《き》の幹《みき》に垂直《すいちょく》に止《と》まることができる。オスの頭《あたま》には、赤《あか》や黄色《きいろ》のもようがある。

きつつきや森《もり》の小《ち》さな大工《だいく》さん

小三《しょうさん》　てっぺい

小鳥《ことり》

晩

俳句《はいく》で「小鳥《ことり》」というと、年《ねん》中見《じゅうみ》られるすずめなどでなく、秋《あき》にわたり鳥《どり》としてわたってくる鳥《とり》のうちの、ひわやあとりなどの小《ち》さなものを指《さ》す。

こんな季語《きご》もあるよ

小鳥《ことり》わたる　小鳥《ことり》来《く》る

小鳥《ことり》来《く》る音《おと》嬉《うれ》しさよ板《いた》びさし

与謝蕪村《よさぶそん》

みんなの俳句

天高《てんたか》し夕日《ゆうひ》に向《む》かってまた明日《あした》
小五《しょうご》　南英那

夕焼《ゆうや》けに光《ひか》るススキの大海原《おおうなばら》
小五《しょうご》　亜門具明日

彼岸花《ひがんばな》夕日《ゆうひ》をうけて火《ひ》が灯《とも》る
小五《しょうご》　花梨

夕焼《ゆうや》けとまざりあうのはもみじの葉《は》
中三《ちゅうさん》　渡邉綾香

赤《あか》とんぼ夕暮《ゆうぐ》れの中《なか》おにごっこ
小四《しょうよん》　煌白

夏井《なつい》いつきの俳句教室《はいくきょうしつ》③

暗《くら》い夜《よる》匂《にお》いで気《き》づく金木犀《きんもくせい》

小四《しょうよん》　ちほ

ここがすてき！

「暗《くら》い夜《よる》」でも「金木犀《きんもくせい》」があることに気づく。「金木犀《きんもくせい》」は匂《にお》いに特徴《とくちょう》がある季語《きご》ですから、そこを描《えが》こうとした意《い》図《と》がよいですね。

ただ、中七《なかしち》「匂《にお》いで気《き》づく」が説明《せつめい》となっているのが残念《ざんねん》です。「暗《くら》い夜《よる》」と「金木犀《きんもくせい》」があれば、きっと匂《にお》いがしているんだろうなと、読者《どくしゃ》は想像《そうぞう》してくれます。

もっとよくするには…

上五《かみご》「暗《くら》い夜《よる》」の「夜《よる》」は、「よ」と読《よ》めば四音《よんおん》。「暗《くら》い夜《よ》の」と上五《かみご》を整《ととの》えて、中七《なかしち》を工夫《くふう》してみましょう。

例《たと》えば、「暗《くら》い夜《よ》の角《かど》より匂《にお》う金木《きんもく》犀《せい》」とすれば、角《かど》を曲《ま》がったとたん匂《にお》い始《はじ》めるのだなとわかりますね。また、「暗《くら》い夜《よ》をゆけば我《わ》が家《や》の金木犀《きんもくせい》」とすれば、自分《じぶん》の家《いえ》が近《ちか》づいていることがわかり、ホっとする気持《きも》ちが表現《ひょうげん》できます。

より具体《ぐたい》的《てき》な描写《びょうしゃ》にしてみよう

七音分《しちおんぶん》なにを入《い》れる？

- 角《かど》より匂《にお》う
- ゆけば我《わ》が家《や》の

こうしてみよう

暗《くら》い夜《よ》の〇〇〇〇〇〇〇金木犀《きんもくせい》

4章《しょう》

おてんき

残暑《ざんしょ》

初

立秋《りっしゅう》（↓54ページ）を過《す》ぎてもまだまだ続《つづ》く暑《あつ》さのこと。この日《ひ》を過《す》ぎると暑中見舞《しょちゅうみま》いが残暑見舞《ざんしょみま》いに変《か》わる。

こんな季語《きご》もあるよ

残《のこ》る暑《あつ》さ　秋暑《あきあつ》し

昼休《ひるやす》みまだ残暑《ざんしょ》だがチョッキ着《き》る

小五《しょうご》　ういろー

秋《あき》めく

初

まわりの景色《けしき》や天気《てんき》などが秋《あき》らしくなること。秋《あき》のおとずれを感《かん》じ取《と》ったときのうれしさがあらわれている言葉《ことば》。

こんな季語《きご》もあるよ

秋《あき》づく　秋《あき》じむ

ひんやりと秋《あき》めく空《そら》に白《しろ》うさぎ

小五《しょうご》　こうちゃ丸

秋日和《あきびより》

三

秋《あき》のおだやかに晴《は》れた天気《てんき》のことをいう。秋《あき》は空気《くうき》がすんでさわやかな空《そら》が広《ひろ》がる。

こんな季語《きご》もあるよ

秋晴《あきば》れ

秋日和青空《あきびよりあおぞら》の下《もと》ボランティア

小五《しょうご》　万次郎

さわやか

三

空気《くうき》がすんでいて、すがすがしく、心地《ここち》よい気分《きぶん》のこと。もともとは空気《くうき》がからっとしている秋《あき》の日《ひ》に、風《かぜ》が吹《ふ》くことをいった。

さわやかな日《ひ》がさしこんだ通学路《つうがくろ》

小四《しょうよん》　かいちゃん

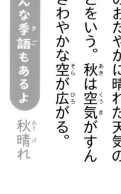

秋《あき》うらら　三

秋《あき》のよく晴《は》れた日《ひ》のこと。「うららか」は、春《はる》の季語《きご》なので、秋《あき》をつけていう。おだやかで過《す》ごしやすい秋《あき》の日《ひ》を表《あらわ》す言葉《ことば》。

秋《あき》うらら公園《こうえん》ベンチで読書《どくしょ》かな　小三《しょうさん》　読書大すき

身《み》にしむ　三

秋《あき》の冷《つめ》たい空気《くうき》や風《かぜ》などが、深《ふか》くしみるように感《かん》じられること。体《からだ》の冷《つめ》たさだけではなく、さみしさが心《こころ》にしみこむ感《かん》じを表《あらわ》す言葉《ことば》でもある。

野《の》ざらしを心《こころ》に風《かぜ》のしむ身《み》かな　松尾芭蕉《まつおばしょう》

秋《あき》あわれ　三

秋《あき》になり、心《こころ》に何《なに》かを思《おも》うことをいう。ほかの季節《きせつ》に比《くら》べて秋《あき》はさみしい気持《きも》ちになることも多《おお》い。

こんな季語《きご》もあるよ
秋思《しゅうし》　秋《あき》さびし

昼休《ひるやす》み校庭《こうてい》見《み》つめ秋《あき》あわれ　小六《しょうろく》　はるま

夜寒《よさむ》　晩

夜《よる》になったときに感《かん》じる冷《ひ》えこみのこと。秋《あき》が深《ふか》まるにつれて、昼間《ひるま》はあたたかくても、夜《よる》になると一気《いっき》に寒《さむ》くなる。

夜寒《よさむ》の日《ひ》あったかおふろしみわたる　小五《しょうご》　愛如

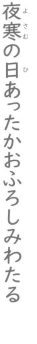

秋《あき》すむ

三

秋《あき》のすんだ空気《くうき》のこと。遠《とお》くの景色《けしき》まではっきりとあざやかに見《み》え、ものの音《おと》まですんで聞《き》こえるような気《き》がする。

こんな季《き》語《ご》もあるよ

空《そら》すむ　清秋《せいしゅう》

秋《あき》すんで童謡《どうよう》歌《うた》う祖母《そぼ》の声《こえ》　中一《ちゅういち》　きみ

行《ゆ》く秋《あき》

晩

過《す》ぎ去《さ》っていく秋《あき》のこと。秋《あき》の終《お》わりを残念《ざんねん》に思《おも》う気持《きも》ちが表《あらわ》れている。去《さ》っていく様《よう》子《す》を旅人《たびびと》に例《たと》えて「行《ゆ》く」という言葉《ことば》を使《つか》っている。

こんな季《き》語《ご》もあるよ

秋《あき》の名残《なごり》　秋《あき》の別《わか》れ

行《ゆ》く秋《あき》に居残《いのこ》り準備《じゅんび》の文化祭《ぶんかさい》　中二《ちゅうに》　いおり

冬隣《ふゆどなり》

晩

冬《ふゆ》がすぐとなりまで近《ちか》づいていることをいう。きびしい冬《ふゆ》が近《ちか》づいてくる覚悟《かくご》や心構《こころがま》えが感《かん》じられる言葉《ことば》。

こんな季《き》語《ご》もあるよ

冬近《ふゆちか》し　冬《ふゆ》を待《ま》つ

冬隣《ふゆどなり》学校《がっこう》急《いそ》ぐランドセル　小五《しょうご》　璃音

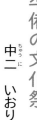

秋《あき》の空《そら》 三

秋《あき》のすみわたった空《そら》のこと。実際《じっさい》には雨《あめ》の日《ひ》も多《おお》いが、秋《あき》の空《そら》といえば基本的《きほんてき》に青空《あおぞら》のことを指《さ》す。とくに、台風《たいふう》のあとはからりとしたさわやかな空《そら》が広《ひろ》がる。

秋《あき》の空《そら》みんなで遊《あそ》ぶさわぎ声《ごえ》

小五《しょうご》　よっしー

いわし雲《ぐも》 三

空《そら》に広《ひろ》がるいわしの群《む》れのように見《み》える雲《くも》。魚《さかな》のうろこにも似《に》ているのでうろこ雲《ぐも》ともよばれる。この雲《くも》が出《で》たあとは雨《あめ》が降《ふ》るといわれている。

こんな季語《きご》もあるよ　うろこ雲《ぐも》

いわし雲《ぐも》仲間《なかま》思《おも》いないいやつら

小五《しょうご》　鈴木茂吏

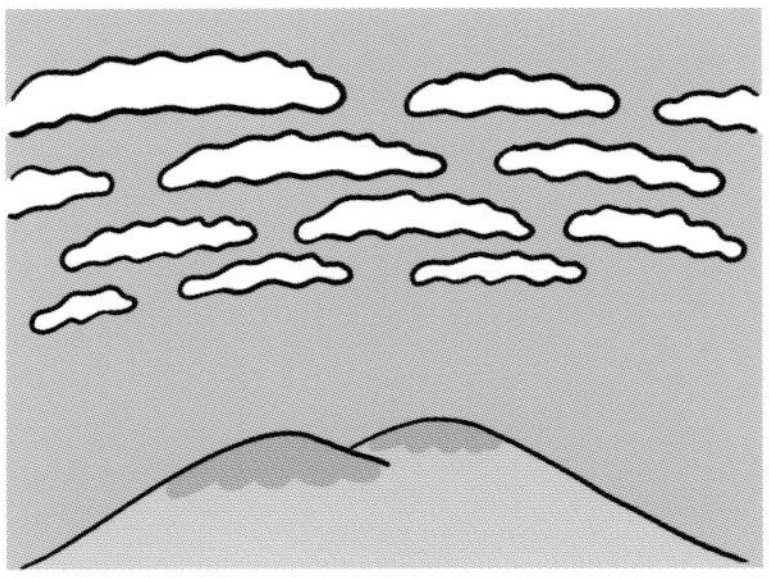

天高《てんたか》し 三

秋《あき》は空気《くうき》がすんでいて、よく晴《は》れた日《ひ》は空《そら》が高《たか》く感《かん》じられる。「秋高《あきたか》し」ともいう。これは中国《ちゅうごく》の詩人《しじん》、杜審言《としんげん》の「雲浄《くもきよ》くして妖星落《ようせいお》ち、秋高《あきたか》くして塞馬肥《さいばこ》ゆ」という詩《し》の一節《いっせつ》に由来《ゆらい》する。

こんな季語《きご》もあるよ　秋高《あきたか》し

天高《てんたか》し夕日《ゆうひ》に向《む》かってまた明日《あした》

小五《しょうご》　南英那

秋《あき》の暮《くれ》　三

秋《あき》の夕暮《ゆうぐ》れと、秋《あき》の終《お》わりの両方《りょうほう》の意味《いみ》がある。どことなくさみしい感《かん》じを思《おも》わせる言《こと》葉《ば》。

こんな季《き》語《ご》もあるよ

秋《あき》の夕暮《ゆうぐれ》　秋《あき》の夕《ゆう》

秋《あき》の暮《くれ》だれもいなくてたたずんで

小六《しょうろく》　紫菊伊予野

秋《あき》の夜《よ》　三

秋《あき》の夜《よる》は月《つき》が見《み》えたり、虫《むし》の音《おと》が聞《き》こえたりして、しみじみとした感《かん》じを味《あじ》わうことができる。

こんな季《き》語《ご》もあるよ

秋夜《しゅうや》　夜半《よわ》の秋《あき》

目《め》をとじて耳《みみ》をすました秋《あき》の夜《よる》

小四《しょうよん》　平霜

夜長《よなが》　仲

秋《あき》の夜《よる》が長《なが》いこと。秋分《しゅうぶん》（↓54ページ）を過《す》ぎると、昼《ひる》より夜《よる》の時間《じかん》が長《なが》くなってくる。夜《よる》が短《みじか》い夏《なつ》のあとなので、夜《よる》の深《ふか》さをしみじみと実感《じっかん》する。

夜永《よなが》さに筆《ふで》とるや旅《たび》の覚書《おぼえがき》

高井几董《たかいきとう》

星月夜《ほしづきよ》　三

月《つき》のない日《ひ》、星《ほし》がきらきらと光《ひか》っている夜《よる》。星《ほし》の光《ひかり》だけで月《つき》が出《で》ているかのように明《あか》るい夜空《よぞら》のことをいう。

こんな季《き》語《ご》もあるよ

ほしづくよ　星《ほし》明《あか》り

けんかをしどこかさびしいや星月夜《ほしづきよ》

小四《しょうよん》　秋奈

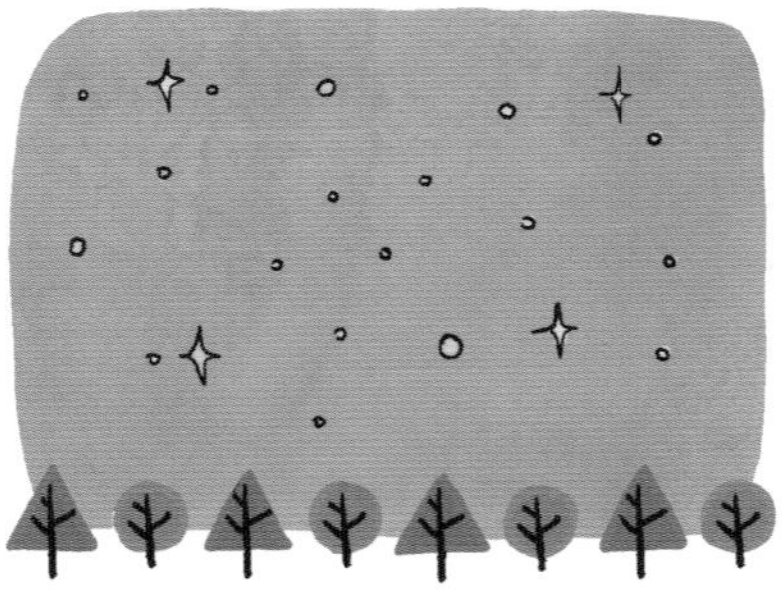

秋風《あきかぜ》

三

秋《あき》に吹《ふ》く風《かぜ》のこと。秋晴《あきば》れの中《なか》を吹《ふ》くさわやかな風《かぜ》や、冬《ふゆ》が近《ちか》づきさみしさを感《かん》じさせるひんやりとした冷《つめ》たい風《かぜ》など、いろいろな秋風《あきかぜ》がある。

こんな季語《きご》もあるよ

秋《あき》の風《かぜ》　風《かぜ》さやか

秋風《あきかぜ》に葉《は》っぱが泳《およ》ぐ通学路《つうがくろ》

小四《しょうよん》　あんず

露《つゆ》

三

朝早《あさはや》く、草《くさ》や葉《は》の上《うえ》などについている小《ちい》さな水《みず》の玉《たま》。風《かぜ》のない晴《は》れた夜《よる》、空気《くうき》の中《なか》の水《みず》が葉《は》の上《うえ》で冷《ひ》やされてできる。一年中《いちねんじゅう》あるが、秋《あき》に一番多《いちばんおお》い。

こんな季語《きご》もあるよ

朝露《あさつゆ》　夕露《ゆうつゆ》　夜露《よつゆ》

朝練《あされん》で走《はし》ればススキに露《つゆ》の玉《たま》

中一《ちゅういち》　なぎ

霧《きり》

三

空気《くうき》の中《なか》にふくまれている水《みず》が冷《ひ》やされてけむりのように現《あらわ》れる現象《げんしょう》のこと。あたりを冷《つめ》たくおおう。

こんな季語《きご》もあるよ

朝霧《あさぎり》　夕霧《ゆうぎり》　夜霧《よぎり》

寒《さむ》い日《ひ》に霧《きり》の世界《せかい》に迷《まよ》いこむ

小六《しょうろく》　万星

稲妻《いなずま》

初

空《そら》を走《はし》る雷《かみなり》の光《ひかり》のこと。雷《かみなり》と同《おな》じだが、稲妻《いなずま》といったときは光《ひかり》のことだけをいう。昔《むかし》の人《ひと》は、稲妻《いなずま》の光《ひかり》によって稲《いね》がよく実《みの》るようになると考《かんが》えていた。

稲妻《いなずま》に残業帰《ざんぎょうがえ》りの父《ちち》走《はし》る

小六《しょうろく》　じゅん

秋《あき》の雨《あめ》

三

秋《あき》に降《ふ》る雨《あめ》は、さびしくて冷《つめ》たい感《かん》じがする。とくに「秋《あき》雨《さめ》」というときは、梅雨《つゆ》のように長《なが》く降《ふ》る雨《あめ》を指《さ》す。

こんな季《き》語《ご》もあるよ　秋雨《あきさめ》

友《とも》休《やす》み弁当《べんとう》ひとり秋《あき》の雨《あめ》

中一《ちゅういち》　わたる

秋時雨《あきしぐれ》

晩

秋《あき》の終《お》わりごろに、降《ふ》ってはすぐにやむ雨《あめ》のことをいう。きれいな紅葉《こうよう》が雨《あめ》にぬれる様《よう》子《す》は、さびしい感《かん》じがする。

秋時雨読書《あきしぐれどくしょ》するなり音《おと》きえる

小四《しょうよん》　裕理

台風《たいふう》

仲

巨大《きょだい》な雲《くも》のうずによって起《お》きる強《つよ》い雨《あめ》や強《つよ》い風《かぜ》。九月《くがつ》から十月《じゅうがつ》に多《おお》い。実《みの》った作物《さくもつ》に被《ひ》害《がい》をもたらすことがある。

こんな季《き》語《ご》もあるよ　台風《たいふう》の目《め》

台風《たいふう》や犬《いぬ》とよりそいすごす夜《よる》

小四《しょうよん》　きゅーちゃん

野分《のわき》

仲

野《の》の草《くさ》を吹《ふ》き分《わ》けていく強《つよ》い風《かぜ》のこと。とくに、台風《たいふう》による風《かぜ》のことを指《さ》していう。地《ち》域《いき》によって、「やまじ」「おしあな」などの呼《よ》び名《な》がある。

大《おお》いなるものが過《す》ぎ行《ゆ》く野分《のわき》かな

高浜虚子《たかはまきょし》

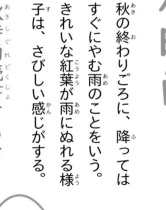

きつつきが木《き》に穴《あな》を開《あ》け工事中《こうじちゅう》
小三《しょうさん》 河童川太郎

秋《あき》かぜにかさこそ話《はな》すはっぱたち
小四《しょうよん》 佐藤充能

りすさんがごはんを集《あつ》めて冬支度《ふゆじたく》
小五《しょうご》 黒宮夜瑠

もりのなかどんぐりさがしたんけんだ
小一《しょういち》 あきの

秋《あき》うらら金《きん》のトンネルさんぽする
小六《しょうろく》 幸

夏井《なつい》いつきの

俳句教室《はいくきょうしつ》④

えんぴつがやたらと転《ころ》がる夜寒《よさむ》かな

小六《しょうろく》　和沙

ここがすてき！

宿題《しゅくだい》でもしていたのでしょうか。それとも、秋《あき》の夜長《よなが》の自主的《じしゅてき》な勉強《べんきょう》でしょうか。「夜寒《よさむ》」とは、秋《あき》が深《ふか》まって冬《ふゆ》が近《ちか》づくと、日中感《にっちゅうかん》じられなかった寒《さむ》さが、夜《よる》になって強《つよ》く感《かん》じられることをいう季《き》語《ご》です。

筆記用具《ひっきようぐ》である「えんぴつ」が「転《ころ》がる」ことと、「夜寒《よさむ》」の持《も》つ空気《くうき》の冷《つめ》たさとの取《と》り合《あ》わせがよい句《く》ですね。

もっとよくするには…

惜《お》しいのは「やたら」の一語《いちご》。この「やたら」は、何度《なんど》もという意味《いみ》でしょうか。それとも、コロコロと長《なが》く転《ころ》がっていくという意味《いみ》でしょうか。

何度《なんど》もの意味《いみ》であれば、上五中七《かみごなかしち》を「えんぴつの幾度転《いくどころ》がる」と書《か》けば伝《つた》わります。長《なが》く転《ころ》がるという意味《いみ》であれば、中《なか》七下五《しちしもご》を「やたら転《ころ》がりゆく夜寒《よさむ》」とすれば、誤読《ごどく》なく読者《どくしゃ》に意味《いみ》が伝《つた》わります。

考《かんが》えてみよう

「やたら」で伝《つた》えたいのはどんなこと？

伝《つた》わるように
言葉《ことば》を選《えら》ぼう

どんな様子《ようす》を言《い》いたい？
・何度《なんど》も転《ころ》がる？
・長《なが》く転《ころ》がる？

5章《しょう》

おもしろい言葉《ことば》

立秋《りっしゅう》

初

二十四節気《にじゅうしせっき》のうち、秋《あき》の初《はじ》めの季節《きせつ》。現在《げんざい》の八月八日《はちがつようか》ごろにあたる。この日《ひ》から秋《あき》が始《はじ》まるといわれている。

こんな季語《きご》もあるよ

秋立《あきた》つ　秋来《あきく》る　秋《あき》に入《い》る

秋《あき》たつや何《なに》におどろく陰陽師《おんみょうじ》

与謝蕪村《よさぶそん》

処暑《しょしょ》

初

二十四節気《にじゅうしせっき》のうち、秋《あき》の二番《にばん》目《め》の季節《きせつ》。現在《げんざい》の八月二十三《はちがつにじゅうさん》日《にち》ごろにあたる。「処《しょ》」はおさまるという意味《いみ》で、この時《じ》期《き》に残暑《ざんしょ》がおさまるとされている。

愛犬《あいけん》が野原《のはら》をかける処暑《しょしょ》の夜《よる》

小五《しょうご》　まりん

白露《はくろ》

仲

二十四節気《にじゅうしせっき》のうち、秋《あき》の三番《さんばん》目《め》の季節《きせつ》。現在《げんざい》の九月八日《くがつようか》ごろにあたる。夜《よる》の空気《くうき》が冷《ひ》え、草木《くさき》に露《つゆ》（↓49ページ）がつき始《はじ》める。朝《あさ》になると日《ひ》の光《ひかり》があたり、露《つゆ》は白《しろ》く光《ひか》る。

白露《はくろ》がぴかぴか光《ひか》る通学路《つうがくろ》

小四《しょうよん》　かずは

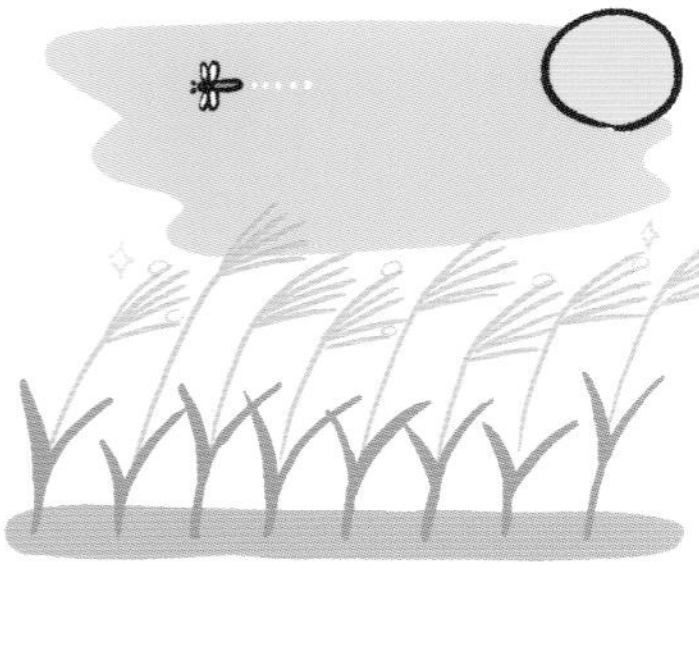

秋分《しゅうぶん》

仲

二十四節気《にじゅうしせっき》のうち、秋《あき》の四番《よんばん》目《め》の季節《きせつ》。現在《げんざい》の九月二十三《くがつにじゅうさん》日《にち》ごろにあたる。秋分《しゅうぶん》の日《ひ》は、昼《ひる》と夜《よる》の長《なが》さがほぼ同《おな》じになり、この日《ひ》を過《す》ぎると夜《よる》が長《なが》くなっていく。

秋分《しゅうぶん》に算数《さんすう》ノートあと半分《はんぶん》

小三《しょうさん》　みみ

寒露《かんろ》

晩

二十四節気《にじゅうしせっき》のうち、秋《あき》の五番《ごばん》目《め》の季節《きせつ》。現在《げんざい》の十月八日《じゅうがつようか》ごろにあたる。次《つぎ》に来《く》る「霜降《そう》」を前《まえ》に、寒《さむ》さで露《つゆ》が凍《こお》り始《はじ》める。昔《むかし》は、霜《しも》は露《つゆ》が凍《こお》ったものだと考《かんが》えられていた。

本《ほん》を読《よ》み朝《あさ》から涙《なみだ》寒露《かんろ》かな

小六《しょうろく》　みつき

霜降《そうこう》

晩

二十四節気《にじゅうしせっき》のうち、秋《あき》の六番《ろくばん》目《め》の季節《きせつ》。現在《げんざい》の十月二十三《じゅうがつにじゅうさん》日《にち》ごろにあたる。霜《しも》が初《はじ》めて降《ふ》るころ。霜《しも》とは地面《じめん》や葉《は》の表面《ひょうめん》につく氷《こおり》の結晶《けっしょう》のこと。

霜降《そうこう》の落《お》ち葉《ば》ひろって白《しろ》い息《いき》

小六《しょうろく》　もみじ

水《みず》すむ

三

秋《あき》になり、川《かわ》や湖《みずうみ》の水《みず》がすき通《とお》るようにすむこと。寒《さむ》くなってくると水中《すいちゅう》の生《い》き物《もの》たちの活動《かつどう》がおとなしくなり、水《みず》がにごらなくなる。

水《みず》すんでとうめいなかげガラスのよう

小四《しょうよん》　あんず

山《やま》粧《よそお》う

三

紅葉《こうよう》した葉《は》で彩《いろど》られた山《やま》の様子《ようす》。山《やま》が赤《あか》や黄色《きいろ》に染《そ》まった葉《は》でおしゃれをしているようだとたとえた言葉《ことば》。

こんな季語《きご》もあるよ

山彩《やまいろど》る　粧《よそお》う山《やま》

赤《あか》の布《ぬの》木々《きぎ》にかぶせて山《やま》よそおう

小六《しょうろく》　友笑

つるべ落《お》とし

三

つるべとは井戸《いど》の水《みず》をくみ上《あ》げるときに使《つか》う、桶《おけ》などのいれもの。これが井戸《いど》の底《そこ》へまっすぐ落《お》ちていくように、一瞬《いっしゅん》で秋《あき》の太陽《たいよう》がしずんでしまうことをいう。

門限《もんげん》をすぎちゃうつるべ落《お》としかな　小六《しょうろく》　ぽんた

桐《きり》一《ひと》葉《は》

初

秋《あき》に桐《きり》の葉《は》が落《お》ちることをいう。葉《は》は大《おお》きなハートのような形《かたち》をしていて、ゆるやかに落《お》ちていく。

こんな季語《きご》もあるよ

一葉《ひとは》　一葉落《ひとはお》つ

桐《きり》一《ひと》葉《は》日《ひ》当《あ》りながら落《お》ちにけり　高浜虚子《たかはまきょし》

富《ふ》士《じ》の初《はつ》雪《ゆき》

仲

九月《くがつ》の上旬《じょうじゅん》になり、富士山《ふじさん》に初雪《はつゆき》が降《ふ》ること。秋晴《あきば》れの空《そら》に、山《やま》のてっぺんの方《ほう》が少《すこ》しだけ白《しろ》くなっている様子《ようす》はとても美《うつく》しい。しかし、この雪《ゆき》はすぐにとけてしまう。

父《ちち》と旅《たび》富士《ふじ》の初雪《はつゆき》絵日記《えにっき》に　小二《しょうに》　しろ

色《いろ》なき風《かぜ》

三

秋《あき》の風《かぜ》のこと。これからあたたかく華《はな》やかになる期待《きたい》を感《かん》じる春《はる》の風《かぜ》などとちがい、だんだんと冷《つめ》たくなる季節《きせつ》のさびしさを感《かん》じる言葉《ことば》。

こんな季語《きご》もあるよ　風《かぜ》の色《いろ》

恋心《こいごころ》色《いろ》なき風《かぜ》が吹《ふ》きつける

小四《しょうよん》　穂乃歌

金風《きんぷう》

三

秋風《あきかぜ》の別名《べつめい》。中国《ちゅうごく》で、秋《あき》が五行《ごぎょう》（あらゆるもののもとになる五《いつ》つの物質《ぶっしつ》）の金《きん》にあたることからこう呼《よ》ばれるようになった。

ライオンのたてがみゆらす金風《きんぷう》や

小四《しょうよん》　らっこ

雁渡《かりわた》し

仲

秋《あき》の初《はじ》めから中《なか》ごろにかけて吹《ふ》く風《かぜ》のこと。この時期《じき》に雁《かり》がわたってくるのでこの名前《なまえ》になった。もともとは伊豆《いず》や伊勢《いせ》の漁師《りょうし》の方言《ほうげん》だった。

雁渡《かりわた》し学校帰《がっこうがえ》りの一本道《いっぽんみち》

中二《ちゅうに》　さと

つばめ帰《かえ》る

仲

春《はる》にわたってきたつばめは秋《あき》になると南方《なんぽう》へと帰《かえ》っていく。家《いえ》の軒先《のきさき》に巣《す》をつくることも多《おお》いので親《した》しみ深《ぶか》い分《ぶん》、いなくなってしまうとさみしい気《き》持《も》ちになる。

いぶしたる炉上《ろじょう》の燕帰《つばめかえ》りけり

河東碧梧桐《かわひがしへきごとう》

秋《あき》の蚊《か》

三

秋《あき》にいる蚊《か》のこと。秋《あき》が深《ふか》まるにつれ、力《ちから》なく飛《と》ぶようになる。

こんな季《き》語《ご》もあるよ

残《のこ》る蚊《か》　蚊《か》の名《な》残《ごり》

いのこりでひとりぼっちか秋《あき》の蚊《か》や

小四《しょうよん》　ねむり姫

秋《あき》の声《こえ》

三

秋《あき》になって物音《ものおと》がすんで聞《き》こえること。実際《じっさい》に聞《き》こえる音《おと》だけでなく、心《こころ》の中《なか》に響《ひび》いてくるような秋《あき》の気配《けはい》をいう。

まどの外耳《そとみみ》をすませば秋《あき》の声《こえ》

小四《しょうよん》　すずのむしこ

木《こ》の実《み》時雨《しぐれ》

晩

木《き》の実《み》がばらばらと音《おと》をたてて落《お》ちることを時雨《しぐれ》にたとえた言葉《ことば》。地面《じめん》に落《お》ちてとびはねる様子《ようす》は元気《げんき》があって楽《たの》しい感《かん》じがする。

ふりむくと木《こ》の実《み》時雨《しぐれ》に笑《わら》う友《とも》

小二《しょうに》　きっちん

虫時雨《むししぐれ》

三

秋《あき》の虫《むし》がいっせいに鳴《な》く声《こえ》を時雨《しぐれ》の音《おと》にたとえた言葉《ことば》。きりぎりすやこおろぎ、松虫《まつむし》にすずむし、くつわむしなど、野原《のはら》ではたくさんの虫《むし》が大合唱《だいがっしょう》する。

父《ちち》の背《せ》でバイクにまたがり虫時雨《むししぐれ》

小六《しょうろく》　ふうか

稲《いな》すずめ

三

実《みの》った稲《いね》をついばみにやってくるすずめのこと。かかしなどをおいて対策《たいさく》をするが、追《お》いはらうのに苦労《くろう》する。

こんな季語《きご》もあるよ　秋《あき》すずめ

稲《いな》すずめ稲《いね》をくれよとさわぐ声《こえ》

小三《しょうさん》　淀市北竹黒

馬《うま》肥《こ》ゆ

三

秋《あき》になって馬《うま》がよく太《ふと》ること。冬《ふゆ》にそなえて脂肪《しぼう》をたくわえている。「天高《てんたか》く馬肥《うまこ》ゆ」という秋《あき》の気持《きも》ちよさを表《あらわ》す言《こと》葉《ば》がもとになっている。

馬肥《うまこ》ゆる乗馬《じょうば》の手綱《たづな》強《つよ》くひく

中三《ちゅうさん》　にちか

蛇《へび》穴《あな》に入《い》る

仲

へびが冬眠《とうみん》のために穴《あな》に入《はい》ること。秋《あき》の彼岸《ひがん》のころに穴《あな》に入《はい》ると言《い》われているが、地域《ちいき》によってちがいがある。ひとつの穴《あな》に、たくさんのへびが集《あつ》まり、いっしょに冬《ふゆ》をこす。

蛇穴《へびあな》に入《い》るや彼岸《ひがん》の鐘《かね》が鳴《な》る

正岡子規《まさおかしき》

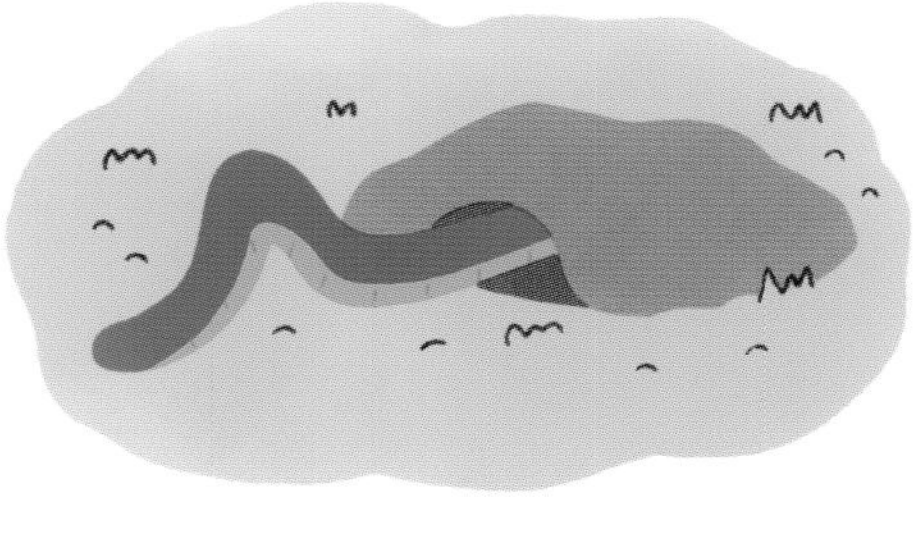

蚯《み》蚓《みず》鳴《な》く

三

秋《あき》の夜《よる》になると、草《くさ》むらから音《おと》が聞《き》こえることがある。昔《むかし》の人《ひと》は、この音《おと》をみみずの鳴《な》き声《ごえ》だと考《かんが》えていた。実際《じっさい》はおけらの鳴《な》き声《ごえ》と考《かんが》えられ、みみずは鳴《な》かないが、想像《そうぞう》をふくらませてくれる言葉《ことば》。

里《さと》の子《こ》や蚯蚓《みみず》の唄《うた》に笛《ふえ》を吹《ふ》く

小林一茶《こばやしいっさ》

十五夜《じゅうごや》に灯《あか》りを借《か》りる帰《かえ》り道《みち》
中一《ちゅういち》　小野晃慎

秋《あき》の夜《よる》合唱団《がっしょうだん》があらわれる
小六《しょうろく》　万星

彼岸花夜《ひがんばなよる》のそよかぜゆらされて
小五《しょうご》　萩暖太郎

目《め》をとじて耳《みみ》をすました秋《あき》の夜《よる》
小四《しょうよん》　平霜

虫《むし》の声《こえ》こいつは高《たか》いソプラノだ
中二《ちゅうに》　千葉小夜子

秋日和《あきびより》青空《あおぞら》の下《した》ボランティア

小五《しょうご》　万次郎

ここがすてき！

秋《あき》は、空気《くうき》がすんでいて視界《しかい》も広《ひろ》がったように感《かん》じる清々《すがすが》しい季節《きせつ》です。「秋《あき》日和《びより》」の「青空《あおぞら》」の句《く》は沢山《たくさん》ありますが、この句《く》は、具体的《ぐたいてき》に「ボランティア」をしていると書《か》いたのが特《とく》にいいです。

さらにワンランクアップを狙《ねら》うとすれば、どんなボランティアをしているのか、もう少《すこ》し詳《くわ》しく書《か》くことができるといいですね。前半《ぜんはん》を少《すこ》し整理《せいり》して、言葉《ことば》を節《せつ》約《やく》してみましょう。

もっとよくするには…

「秋日和《あきびより》」「青空《あおぞら》」を一語《いちご》でいうとすれば、「秋晴《あきばれ》」という季語《きご》もありますよ。

仮《かり》に、「秋晴《あきばれ》や○○○○○○○ボランティア」とすれば、中七全部《なかしちぜんぶ》を使《つか》って、具体的《ぐたいてき》なボランティアの種類《しゅるい》が書《か》けます。「空《あ》き缶拾《かんひろ》う」「炊《た》き出《だ》しをする」「子《こ》ども食堂《しょくどう》」などなど。自分《じぶん》がしたことのあるボランティアを思《おも》い出《だ》して、中七《なかしち》をつくってみましょう。

具体的《ぐたいてき》な情報《じょうほう》を入《い》れてみよう

七音分《しちおんぶん》なにを入《い》れる？

- 空《あ》き缶拾《かんひろ》う
- 炊《た》き出《だ》しをする

こうしてみよう

秋晴《あきばれ》や○○○○○○○ボランティア

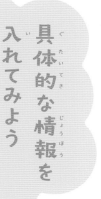

さくいん

この本《ほん》で紹介《しょうかい》した秋《あき》の季語《きご》を五十音順《ごじゅうおんじゅん》に並《なら》べています。

イラスト	おおたきょうこ かたぎりあおい キタハラケンタ てらいまき meppelstatt 山中正大 山本祐司
デザイン	阿部美樹子
DTP	中尾淳
校正	村井みちよ
編集協力	矢部俊彦
編集・制作	株式会社 KANADEL
協力	現代俳句協会 筑波大学附属小学校 荒川区立第一日暮里小学校 鹿児島市立中洲小学校 出水市立大川内小学校 姶良市立蒲生小学校 伊佐市立山野小学校

参考文献
『新版 角川俳句大歳時記 秋』（KADOKAWA）
『読んでわかる俳句 日本の歳時記 秋』（小学館）
『短歌・俳句 季語辞典』（ポプラ社）
『大辞林 第三版』（三省堂）

みんなの俳句がいっぱい！

学校歳時記 ④ 秋の季語

発行	2023 年 4 月　第 1 刷
監修	白坂洋一
発行者	千葉 均
編集	小林真理菜
発行所	株式会社ポプラ社 〒 102-8519　東京都千代田区麹町 4-2-6 ホームページ　www.poplar.co.jp（ポプラ社） kodomottolab.poplar.co.jp（こどもっとラボ）
印刷・製本	図書印刷株式会社

ISBN978-4-591-17644-3　N.D.C.911 ／ 63p ／ 27cm Printed in Japan

P7237004

監修

白坂洋一《しらさかよういち》

1977年鹿児島県生まれ。鹿児島県公立小学校教諭を経て、2016年より筑波大学附属小学校国語科教諭。『例解学習漢字辞典』（小学館）編集委員。『例解学習ことわざ辞典』監修。全国国語授業研究会理事。「子どもの論理」で創る国語授業研究会会長。主な著書に『子どもを読書好きにするために親ができること』（小学館）等。

協力

秋尾敏《あきおびん》

1950年埼玉県生まれ。千葉県公立中学校・教育委員会勤務を経て、1999年より軸俳句会主宰。全国俳誌協会会長、現代俳句協会副会長。評論集に『子規の近代 ー滑稽・メディア・日本語ー』（新曜社）、『虚子と「ホトトギス」ー近代俳句のメディア』（本阿弥書店）等、句集に『ふりみだす』（本阿弥書店）等。

夏井《なつい》いつき（選・鑑賞）

1957年生まれ。松山市在住。俳句集団「いつき組」組長、藍生俳句会会員。第８回俳壇賞受賞。俳句甲子園の創設にも携わる。松山市公式俳句サイト「俳句ポスト365」等選者。2015年より初代俳都松山大使。第72回日本放送協会放送文化賞受賞。句集『伊月集 鶴』、『瓢簞から人生』、『今日から一句』等著書多数。

※夏井先生は俳句教室のページの選句をしています。
そのほかのページの選句はしていません。

あそびをもっと、
まなびをもっと。
こどもっとラボ

みんなの俳句がいっぱい！

学校歳時記

全5巻

セット
N.D.C.911

監修
筑波大学附属小学校
白坂洋一

協力
現代俳句協会
秋尾敏

夏井いつき
（選・鑑賞）

1巻 俳句のつくりかた N.D.C.911

2巻 春の季語 N.D.C.911

3巻 夏の季語 N.D.C.911

4巻 秋の季語 N.D.C.911

5巻 冬・新年の季語 N.D.C.911

小学校低学年から　AB版／各63ページ
図書館用特別堅牢製本図書

季《き》語《ご》の地《ち》図《ず》

この本《ほん》で紹介《しょうかい》したおもな季語《きご》をジャンル別《べつ》にまとめました。数字《すうじ》は出《で》てくるページです。

行事《ぎょうじ》・生活《せいかつ》

時候《じこう》

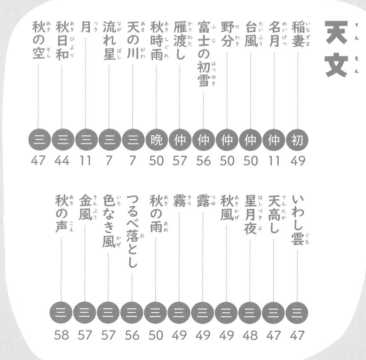

天文《てんもん》